平成マット界 プロレス団体の終焉

高崎計三

双葉社

はじめに

平成とは、プロレス団体が増え続けた時代でもある。昭和の事実上最後の年、1988年にはプロレス団体は全日本女子プロレス、新日本プロレス、全日本プロレス、ジャパン女子プロレス、UWF（設立順）の5つしかなかった。同年に旗揚げしたUWFは1991（平成3）年に3つに分裂し、90（平成2）年から92（平成4）年の短い命だったSWSの解散以後は、たんぽぽの綿毛が飛び散ってあちこちで新たに芽吹き始めるように新団体が生まれ、多団体時代が加速していった。

「プロレスを取材している」と話すと、定期的に尋ねられる質問に「今、プロレス団体っていくつあるの？」というものがある。これに正確な数で答えることができたのは、たぶん40ぐらいまでだったと思う。その頃までは、新団体の設立時に「●番目の団体発足！」などと書かれていた記憶がある。

実際、（もう時効だと思うので書くが）95年頃の『週刊プロレス』編集部では、壁のホワイトボードに「プロレス団体ランキング」を書き込んでいた。ビッグマッチや好試合があった団体は順位が上がり、逆に不祥事やネガティブな出来事があった団体は下がる。もちろん公表されるものではなく、おそらく団体一覧表から派生して、編集部員が遊び半分で書いていたのだと思う。ちなみにそのランキングは、編集部を訪れる選手や団体関係者の目に触れるからということで、ある日突然消されていた。

そのランキングは、カレンダーのケイ線を利用して書かれていた。ということは、団体数が31以下だったということである。当時、週プロ編集部の近くにデスクがあった筆者のおぼろげな記憶では、26ぐらいまで増えたところで消えたのではなかったか。

前述の質問に、今は「何団体あるか、把握できている人は誰もいません。週プロ編集部でも正確な数はわからないはずです」と答えている。ある時期から団体なのかプロモーションなのかわからない集団が増え、地方発の団体も次々と誕生するようになり、誰も全体像を掴めなくなった。平成の30年間で、時代はまるっきり変わったのである。

もちろんその歴史の中では、続々とプロレス団体が生まれてきた一方で、なくなっていった団体もたくさんある。経営が成り立たなくなって興行が打てなくなり、「振り返ればあれが最後の大会だったか」ということもあれば、団体側がしっかりと会見を開いたり、最終興行を開催したりして、惜しまれつつ幕を閉じた場合もある。

本書はそんな「なくなった団体」の最後にスポットを当てて、当時何が起きていたか、どんな様子だったのかを関係者に取材して、まとめたものである。ここでは13の団体を扱っているが、こうして並べてみると終焉に至った事情も幕の引き方もさまざまであり、選手や代表、スタッフなど立場や関わり方の違いによって、その感じ方も千差万別であることがわかる。

13団体の中では男子も女子も、それから大規模にスタートした団体も少人数でこぢんまりと船出した団体も、さらには旗揚げ戦すら行えず散っていった団体まで、幅広く取り上げた。それぞれの団体については、設立者や中心選手、フロントで重要な役割を担っていた人物から、そこでデビューしたばかりの選手、裏方スタッフ、公式に名前が出ることがなかった協力者まで、こちらもいろんな立場の人々に話を聞いた。

事実関係はともかく、その時の状況や人々が感じたことについては、もちろんここに書いたことが全てではない。だが少なくとも、各団体について当時の雰囲気がどうだったかは感じ取ってもらえるはずだと思っている。

平成マット界 プロレス団体の終焉

CONTENTS

文中敬称略

デザイン／イエロースパー
写真／泉井弘之介
平工幸雄
山内 猛

平成マット界 プロレス団体の終焉 第1章

ジャパン女子プロレス

1992年1月26日　埼玉・熊谷市民体育館

1986年、全女一強の女子プロレス界に待ったをかけるべく、芸能事務所の協力体制や秋元康をアドバイザーに迎えるなど、異色の旗揚げとなったジャパン女子プロレス。レジェンドや強豪柔道家が参戦するなど、ファンの注目を集めながらも、約6年でその活動を終える。女子プロレス多団体時代の源流とも言える団体の終焉には一体何があったのか。

旗揚げ戦には多くの著名人も駆けつけて各方面に目配せした作戦が練られていた

女子プロレス新団体、「ジャパン女子プロレス」のスタートは華々しいものだった。まず1986年1月30日、運営母体となる「ジャパン・スポーツ・プロモーション」の設立が発表され、全日本女子プロレスでビューティ・ペアとして一世を風靡したジャッキー佐藤が現役に復帰して参加。また同時期に活躍したナンシー久美も復帰して所属となった。その後、2月にはシュートボクシングの選手だった風間ルミ、3月には女子柔道日本選手権で3連覇&世界3位という実績を持つ神取忍というふたりのスポーツエリートの入団を発表。その間には新人オーディションも行われ、着々と陣容が固められていった。

プロレス業界を超える注目を集めたのは、6月下旬のことだった。伊豆熱川における選手たちの合宿中に会見が行われ、芸能事務所「ボンド」との提携と、秋元康のアドバイザー就任が発表されたのだ。8月に行われる予定の旗揚げ戦では、新人選手たちが秋元の考案したリングネームでデビューすることも合わせて発表された。

秋元は前年に始まったテレビ番組「夕やけニャンニャン」と、そこから誕生したアイドルグループ「おニャン子クラブ」の人気により、飛ぶ鳥を落とす勢いだった。ジャパン女子は「プロレス版おニャン子クラブ」をコンセプトに掲げ、話題を振りまいたのである。

またこの時期の女子プロレスといえば、前々年の84年から頭角を現したクラッシュ・ギャルズの人気絶頂期。同年1月にフジテレビ本社で行われた全女の新人オーディションには、全国から2500人もの応募者があったほど。まさに「女子プロレス・ブーム」の真っ只中だった。

男性ファンを虜にするおニャン子クラブと、女性ファンの熱狂的な支持を集める女子プロレス。まさに大ブームの渦中にあるこのふたつをかけ合わせた大胆な戦略をもって、女子プロ第2の団体は世に打って出たわけだ。

前述のビューティ・ペアやクラッシュ・ギャルズなどの大スターを輩出し、フジテレビで中継されていた全女は、女子プロ界で長く寡占状態を続けていた。新団体設立の動きは時折出てはいたが、本格的に活動して全女の牙城を脅かすような団体は長く現れず、「女子プロレス」といえば全女を指すという状態だった。目黒の全女オフィスでは電話がかかってくると、団体名も何もなく「はい、女子プロレス!」と応答していたほどだ。

そこに割って入ろうというのだから、並大抵のやり方では太刀打ちできない。その点で、ジャパン女子が採った戦略は間違いではなかったはずだ。8月17日に後楽園ホールで行わ

▲旗揚げ戦のリング上には、当時「おニャン子クラブ」の
仕掛け人として注目を集めていた秋元康の姿があった

れた旗揚げ戦は少女隊や本田美奈子らもゲストとして来場し、華やかに開催された。新人選手たちは入門からデビューまで約半年という促成栽培となったが、新日本プロレスで「鬼軍曹」と怖れられた山本小鉄をコーチに迎えることで、プロレスファンの支持を取り付けることも忘れていなかった。豪華な芸能戦略、ビッグネームとスポーツエリートによるトップ集団形成、新日本プロレスの協力による選手育成、外国人選手の積極的招聘……各方面に目配せした作戦が練られていたことが、こうして見るとよくわかる。

プロレスをビジネスと捉えていた経営陣は「時代の流れ」に乗ることができなかった

しかし、その効果は限定的だった。何より痛かったのは、定期的なテレビ中継がつかなかったことだ。上記のような戦略はいずれも非常にテレビ向きだが、逆に言えばテレビの力で継続的・広範囲に拡散されてこそ功を奏するものでもある。TV中継がないままでの地方大会は不入りが目立ち、団体運営は旗揚げからそれほど経たないうちに暗礁に乗り上げていった。

このジャパン女子でリングアナウンサーを務めたのが、のちにJWP代表となる山本雅俊だ。30歳の時、旗揚げ前の募集を『週刊ファイト』紙上で見かけて入った山本は最終興行まで在籍。「フロントで最初から最後までいたのは、自分ひとりです」という。憧れのプロレス業界に入れた喜びも束の間、団体の雲行きはどんどん怪しくなっていった。

「旗揚げから3カ月で給料が出なくなりましたからね（笑）。もう、ゴタゴタは日常茶飯事だったし、『こりゃもうダメだろ』と思うこともしょっちゅうでした。自分はもともとプロレスファンだったんですが、経営陣、上司がプロレスをビジネスとしか見ていなくて、ファンのムードなんかを全然リサーチしていなかったわけですよ。スタート時点からして『これは違うよな』と思ってました」

86年当時のプロレス界を広く眺めてみると、男子では第一次UWFから新日本にUターン参戦した前田日明、髙田延彦らの闘いぶりがファンに大きな衝撃を与えていた頃だった。全女でスターダムに上り詰めたクラッシュ・ギャルズも、彼らのファイトスタイルに大きな影響を受けて女子プロレスの闘いに新風を吹き込んでいた。しかしジャパン女子の首脳陣は、この流れに乗るような戦略を打てていなかった。

「海外の団体と提携して、お金をかけて外国人選手を呼んでましたけど、全く効果がなかったですからね。せっかく風間さんみたいに格闘技スタイルができる選手がいるのに、相手がヌルい試合をするメキシカンとかじゃどうにもならない。新人選手たちは十分なスキルを磨くだけの準備期間も不足していたし、試合をめぐっても問題が多かったですね」

プロレス団体におけるリングアナウンサーは、進行役であると同時に団体と観客をつなぐインターフェイス的な役割も果たさなければならない。特にジャパン女子では上層部がファンのことを考えていなかったために、山本にかかる負担は大きかった。「団体のよさ、選手のよさを伝えよう」という山本の熱意は少しずつ観客にも伝わり、やがて彼は「ヤマモ」の愛称でファンにも親しまれるようになっていく。そんな彼の根底には、業界の大先輩の教えがあった。

「入ってすぐ、山本小鉄さんに『うちの田中って知ってるか。次の後楽園で田中に全部教えてもらえ』と言われて、新日本の後楽園大会で田中秀和（現・田中ケロ）さんの隣に座らせてもらったんです。もう、全部教えてもらいました。経過時間の言い方、場外乱闘になった時にどこを見るか、ツアーには何が必要か。そして、こう言われたんです。『自分の団体を好きになって、団体を盛り上げるのがリングアナの役目だから』と。その言葉はずっと自分の基本になってますね」

資金難から経営陣が交代するも……「不思議」な団体だったジャパン女子

一部の選手や山本のようなスタッフは奮闘していたが、リング内外ではゴタゴタが続いていた。ジャッキーと神取の対立は深刻化し、ついには87年7月、ふたりはプロレス史に残る壮絶な遺恨試合の主役となってしまった。ここから神取は約1年間欠場となり、ジャッキーも現場を離れた（のちに一時復帰）。翌年には男女混合団体への移行が画策され、大仁田厚とグラン浜田がジャパン女子の後楽園大会で激突するが、所属選手とファンから猛反発を買い、この計画も頓挫。資金難から経営陣も交代し、状況はまさにダッチロール状態といえた。

「一番大変だったのは、会社から経費が出ない状態で九州までツアーに行かないといけなくなった時ですね。選手の食費すらないので、頑張ってグッズを売って稼げばいいんじゃないかということで、選手たちがみんなでグッズ売り場に立って手売りして、それで食費をまかなったんです。今は当たり前の光景になっていますが、もしかしたらあれが元祖だったかもしれないですね。一応ツアーは何とかなったんですが、宿泊費とかバスの運転手さんのギャラとか、会社が支払っていた部分では迷惑をかけていたと思いますよ。その他にも興行を続けていくなかで、業者さんとかいろんなところに確実に迷惑をかけてます。いわば、社会的に責任を果たせていなかったわけですよ。だから社会的には、存在してはいけない団体でしたね」

そうこうしながら興行活動を続けていた当時の団体を「不思議だった」と言う山本。しかし活動を続ける以上はスタッフも必要なので、営業部員などの募集は常にかけられていた。そんな中で解散の前年、91年の秋頃にやはりリングアナとして入社したのが、千葉道也だ。岩手県在住のプロレスファンだった千葉は『週刊プロレス』に載っていた募集を見て応募、釜石巡業の際に面接を受けて合格し、上京した。22歳の頃だ。

「入ってまず驚いたのは、会社に行っても山本さんがいないんですよ。当時、事務所が分かれていて、僕が行ったのは渋谷にあった『ジャパン企画プロモーション』。興行を運営する会社ですね。山本さんは上野にある『ＪＷＰプロジェクト』というグッズ担当の会社にいたんです」

この点をはじめとして、千葉が団体に対して抱いた印象もやはり「不思議」だった。

「不思議なことはいっぱいありました。給料も最初は出てたんですけど、だんだんと出なくなって、最後のほうはもらってなかったし。それでも事務所は渋谷駅寄りに引っ越したりもしてたし、外国人選手も何人も呼んでましたからね。でも、僕も他の団体での経験があるわけでもないし、社会人としても右も左もわからないような状態で上京してきてすぐだし、『こんなもんかなあ』という感じでした。ガッカリしたりということはなかったですけどね」

いよいよやってきた「終わりの日」92年1月26日に最終興行を迎える

千葉が入ったのは団体の歴史がまさに終焉を迎えようとしていた頃で、山本の頭にたびたびよぎった「いよいよダメかも」という思いが、だんだんと現実味を帯びてきていた時期だ。しかしふたりが共通して感じていたのは、現場の明るさだった。

「現場の空気は異様に明るかったんですよ。明るくしてたら何かいいことがあるだろうというか、とにかく先行きへの不安をごまかして、自分たちを騙したいという気持ちだったんでしょうね。逆に自分としては、そこに違和感がありました。『何でみんなもっと真剣に考えないんだ?』と。周りは『いい試合をしていれば状況もよくなるはず』と言うんですけど、それで注目されるにはどうしたらいいのかとか、そういう難しいことは誰かが考えればいいという感じでしたね。営業なんかにも『このままじゃいけない』という思いの人はいたんですが、その頃は僕も含めてどうにかできるような力もツテも持ち合わせてはいなかったですし」（山本）

「雰囲気が悪かったりとかは全然感じなかったですね。誰かがゴタゴタしてる場面とかもあんまり見なかったですから。まあ僕は若かったし、下っ端も下っ端だったので、あんまりわからなかったというのもありますけど（笑）」（千葉）

千葉が入社した時期から選手の離脱などもあり、持丸常吉社長もあまり顔を見せなくなったことから、山本も「本当に終わりが近い」ことを感じるようになる。ただでさえ減っていた興行予定が入らなくなったことで、いよいよ「終わり」がやってくる。最終興行となったのは92年1月26日、埼玉・熊谷市民体育館大会だった。山本はこの大会を鮮明に覚えているという。

「当時のジャパン女子にしては、お客さんもわりと入りましたよ。300〜400人は入ったんじゃないですか。ネットがない頃ですけど、その後の興行日程が全く発表されていないし、ファンの間では『これが最後』というのは認識されていました。当日、入口にポスターを貼って、ファンにメッセージとか思いを書いてもらったのをよく覚えてます。試合は全くいつも通り、普通に進みました。特にギクシャクしたところも全くなく。最後にリング上で記念写真を撮って、泣きたい人は泣いてっていう感じでしたね。キューティー鈴木なんかはかなり泣いてました。自分ですか？　こみ上げてくるものとかは、あまりなかったんです。ああ、普通に終わっていくなあ、こういうものなのかなあと。これでプロレスとさよならするという気持ちはなかったので、何らかの形で続くだろう。むしろ上の人間の意向とか、いろんなことを気にせず気兼ねなくプロレスに関われるだろうという思いのほうが強かったですね。正直、ジャパン女子が終わることで『この不条理な日常からやっと解放される。これで断ち切ることができる』と思いました」

ジャパン女子所属選手は二派に分かれJWPとLLPWの2団体が誕生する

入って間もないのに解散を迎えてしまった千葉も、この大会を平常心で迎えていた。

「いつものように宣伝カーをまわして、山本さんとリングアナをやって、写真を撮って終わった……という感じですね。持丸社長がマスコミに囲まれてたのは覚えてます。いつもと同じようにやっただけで、特に感慨とかはなかったですねえ」

発表会見からは丸6年、旗揚げ戦からは5年半足らずで、その歴史を終えたジャパン女

▲解散後は、JWP（上）とLLPW（下）の二派に分かれて、それぞれ
新団体を設立。のちに訪れる対抗戦で再び交わることに

子。その後、所属選手は二派に分かれ、山本が共同代表のひとりとなった「JWP女子プロレス」と風間ルミが代表を務める「レディース・レジェンド・プロレスリング（LLPW）」の2団体が誕生。ここから空前の団体対抗戦時代に突入していく。

ジャパン女子での経験は、JWPにどう活かされたのか。山本はこう語る。

「全てが反面教師でしたね。『これをやっちゃいけない』『こういうことをやるとファンが離れる』という事例がたくさん蓄積されました。ムダな経費はかけないとか、外国人選手なんか呼べばいいってもんじゃないとか。もう新生UWFが旗揚げしていたので、ああいうものができるかもしれないという思いもありました。団体がひとつピンチになったら、必ず新しい展開が生まれるじゃないですか。僕自身、ピンチの団体が好きだったので、プロレスファンだったら楽しんでくれるだろうなとも思ったし。まあ最初から最後まで、ファンとしてその状況を楽しんでたのは事実ですけどね（笑）。

SWSみたいに、お金をつぎ込んでダメになった例もありましたよね。だから絶対に、お金を持って船出しちゃいけないなということも思いました。お客さんに同情してもらって、這い上がっていくところを見てもらうのがいいんだなと。新しくやるんだったら、そういう感じでいけるかなというのはありました。ただ選手に関しては、誰と誰が来るとかは、直前になるまで考えてなかったですけど」

華やかに船出しながら、もがき苦しんで終わっていったジャパン女子プロレス。しかしこの終焉こそが対抗戦時代への引き金のひとつとなったのだから、やはり不思議なものである。あの時の「第2団体」を興そうという試みが、女子プロレス界の流れを変える事件のひとつとして歴史に残っていることは間違いない。

平成マット界

プロレス団体の終焉

第2章

SWS

1992年6月19日　長崎・長崎国際体育館

長らく二強時代が続いていたプロレス界にとって、新団体旗揚げのニュースのインパクトは絶大だった。巨額の資金が投入され、既存団体の選手が大挙して参戦、前代未聞のビッグスケールで誕生したSWS。猛バッシングの末にその幕を閉じたが、それは真に批判されるべきことだったのか。新しい試みに挑戦しながらも、短命に終わったマット界の「黒船」の実像に迫る。

設立にあたっての予算は60～70億円
前代未聞の規模で動き出した新団体

1990年、メガネスーパーによるプロレス団体設立はマット界にとてつもなく大きな衝撃を呼んだ。

新団体「SWS」のスタートに伴い、全日本プロレスからは天龍源一郎をはじめ計10選手とレフェリー、スタッフが大量離脱。これに新日本プロレスを退団したジョージ高野と佐野直喜（現・巧真）の2選手、さらにフリー選手らも加わり、SWSはいきなり大所帯で始動することとなった。

この陣容が集まった背景にあったのは、もちろんメガネスーパーの豊富な資金力である。5月10日の設立会見でメガネスーパーの故・田中八郎社長は、設立にあたっての予算を「60～70億円」と発言。日本のプロレス界では想像もつかないほどの金額であった。

当初から相撲にならった「部屋制度」を掲げ、集まった所属選手たちは天龍源一郎率いる「レボリューション」、若松市政率いる「道場・檄」、そしてジョージ高野率いる「パライストラ」という3つの「部屋」に振り分けられて所属することになった。

この頃、部屋制度に関しては、「プロレス団体が近い将来、進むべき形」として取り沙汰されることがあった。たとえば藤波辰爾も提唱者のひとりで、同じ年の少し後に新日本プロレス内で「ドラゴンボンバーズ」を立ち上げている。

キャリアを積んだレスラーが相撲の親方のように自分の「部屋」を持つことで収入やポジションを確保しながら、後進の育成、より活発な交流をやりやすくしていくというのが狙いで、これはじつに理に適った考え方ではあった。

しかし、「ドラゴンボンバーズ」は大きな成果を挙げられることなく自然消滅し、ＳＷＳの場合には、のちにこの部屋制度が派閥争いを生み、崩壊を招く一因ともなっていった。

ＳＷＳは同年9月に天龍の故郷である福井でのプレ旗揚げを経て、10月に横浜アリーナ2連戦で華々しく旗揚げ。しかしその周囲には、立ち上げ早々からきな臭い空気が充満していた。

まずは天龍の全日本離脱を当時の『週刊プロレス』が激しく批判し、売り言葉に買い言葉のような形でＳＷＳ側は「引き抜き」を公然と宣言。当初、武藤敬司が狙われていた新日本プロレスが全面的に対抗することを表明したりと、業界内には大きな波紋が起きた。

「天龍革命」以後、全日本の中心的存在になっていた天龍が抜け、選手やスタッフなど多くの人員がそれに追従。全日本プロレスそのものが危機に陥ったことによって、ＳＷＳはファンからも非難を浴びた（そうしたファンの感情を先頭に立って扇動していたのが前述の『週刊プロレス』なのだが、当時の編集長であるターザン山本はのちに自著で、全日本・ジャイアント馬場からの依頼を受けてのものだったことを明かしている）。

また旗揚げ当初はもともと新生ＵＷＦを支援していたメガネスーパーの田中社長が提唱した「スポーツライクなプロレス」を実現するために「5カウントフォール」などの新ルールが導入されたが、これもファンや関係者を戸惑わせる結果となった。

大会では資金力を活かしてド派手な演出が施されたが、結局のところ目新しいものを見せられるメンバーが集まったわけでもなく、既存団体とのリング上での差別化は打ち出せなかった。

絶えぬ大小さまざまないざこざ相次いでトラブルが噴出する

プロレスファンは、理想に燃えた少数精鋭の有志たちが逆境に耐えて自らの選んだ道を突き進むという、新生ＵＷＦの旗揚げをこの2年前に体験している。またＳＷＳが立ち上がる前年の89年には、「5万円の全財産」を元手に大仁田厚がＦＭＷを立ち上げ、デスマッチなど独自のスタイルで生き残りをかけた姿も目撃済みだった。多分に判官びいきの傾向があるプロレスファンにとっては、「恵まれた環境なのに方向性が定まらない」というＳＷＳの状況は最も応援しにくいものであった。

この時期のプロレスファンによるＳＷＳバッシングは、当時の『週刊プロレス』が扇動した効果も大きかったが、それがなくても、少なくとも団体としてファンの共感をそれほど得られていなかったのは確かだ。

北尾光司の獲得、ＷＷＦ（現・ＷＷＥ）や藤原組との提携などによって話題を振りまき、東京ドームをはじめとするビッグマッチも開催。東京ドームでは旗揚げ翌年の91年3月と12月の2回にわたって大会を行い、ハルク・ホーガンやザ・リージョン・オブ・ドゥーム（ザ・ロード・ウォリアーズ）などのスーパースターも大挙来襲した。こうした話題はファンの注目も浴び、団体としてはもちろんこれを起爆剤にさらなる上昇を図りたいところだったが、この間にも大小のいざこざは絶えなかった。

91年3月の東京ドーム大会の翌々日、ホーガンらも継続参戦して行われた神戸でのビッグマッチは、そうしたトラブルが相次いで噴出する舞台となってしまった。

藤原組との業務提携で出場した鈴木みのるとアポロ菅原との一戦は不穏試合となり、菅原の試合放棄という結末に。また北尾はＷＷＦから参戦したアースクエイク・ジョン・テンタとの「元力士対決」に臨んだが、北尾はレフェリー暴行による反則負けを宣せられるとリングを下り、マイクでテンタに「八百長野郎！」と暴言を浴びせた。ＷＷＦはともかく、北尾、そして藤原組と新しい話題の核となるべき選手たちが相次いでトラブルの主役となり、この問題はのちにまで尾を引くことになる。

ここまでざっと見てきた限りでも多くの火種を抱えたＳＷＳだが、もちろんその間には新人の育成や若手を中心とした道場マッチの継続開催など、この団体だからこそできた試みも多く行っている。そこにはよい面もあれば目論見通りにいかない面もあった。部屋制度にしても以前から取り沙汰されていたほどでアイデアとしてはよいのだが、いろんなところから選手が集まった新団体でいきなり始めてしまったために、結局は派閥問題を助長することになってしまった。

この頃はまだ国内の団体数は少ないが、ＳＷＳ以前から、移籍などによって新日本出身の選手と全日本出身の選手が一緒になると、基礎練習方法から違うためにうまくいかなかった、という話はいくつもある。人間が集まれば派閥ができるのは仕方ないことであり、特にプロレス団体について（しかも初期に）言われる「一枚岩」などという言葉は理想でしかない。最初はその理想に向けて一枚岩に近い状態にいた集団でも、時間が経つにつれて互いの方向性が変化してきたり、周囲の人物からの影響などによって、だんだんと離れ

▲盟友の呼びかけに、88年に全日本を離脱していた阿修羅原が約3年ぶりにSWSのリングで復帰。ここに〝龍原砲〟が復活した

ていくことも多い。実際、プロレス界でそのような事例は枚挙に暇がないほどである。

増大していく選手たちのジェラシーは「ご注進」という形で団体に混乱をもたらす

全所属選手がまとまって行動する通常の団体でも派閥問題が起きるものだが、ＳＷＳの部屋制度はそれぞれが独立して存在していて、振り分けもほとんどがその出自によって決まっていたために、最初から３つの派閥が存在したようなものであった。

しかも、ただの派閥争い、陣取り合戦ならまだしも、彼らの上には田中社長という存在があった。田中社長は豊富な資金の出所であるだけでなく、プロレス界の内部事情、とりわけレスラーたちの流儀といったものには疎い。自分の部屋＝派閥の上昇・拡大をリング上での活躍によって成し遂げるのではなく、田中社長により近づくことによって実現しようとする人間が現れるのも無理はなかったのである。

旗揚げ当時から団体の柱となったのは言うまでもなく天龍で、リング上は当然、天龍が率いるレボリューションが中心となった。しかし、何もかもがレボリューション至上主義というわけではもちろんなく、ジョージ高野や谷津嘉章をはじめ、他の部屋にも（完全に均等とは言わないまでも）チャンスは与えられている。あとはそのチャンスをどう活かすかの問題なのだが、それよりも先に「不公平だ」という話が出てくるようになると、全体としてはギクシャクし始める。

旗揚げから大会を重ねるにつれて一部の選手たちの不平・不満は増大していき、きっかけがあればそれが表面化した。北尾事件の際には天龍の責任を問う声があがり、実際に天龍は取締役や道場主などの役職を辞任する意向を示した（田中社長が慰留）。

この時期に関して、必ず関係者から出る言葉がある。「ご注進」だ。一部のレスラーや関係者が田中社長に他の勢力（要するにレボリューション）の「悪口を吹き込む」というものである。社長も大企業のトップに立つ人物だったから、もちろん全てを鵜呑みにしたわけではないだろう。しかし、レスラーの言うことをむげにもできない。そうしたことが重なって、彼の中では疑心暗鬼が増大していった。

北尾問題が紛糾した後、マッチメイク上は部屋制度の枠が外されていくなどの試行錯誤があり、旗揚げ1周年を前にした91年7月には田中が天龍に社長の座を譲り、体制も変化した。プロレス界の伝統でもある「社長レスラー」として天龍が団体をまとめ直すことが期待されたが、不満分子にとっては天龍が社長になったことで「権力をより拡大した」と受け取られてしまう。一度深まった溝は、もうふさがりようがなかった。

6月シリーズを最後に活動休止「WAR」と「NOW」の二派に分裂

内部の不協和音が鳴り止まないどころかどんどん音量を増していくなかで、ついに限界に達した人物が出た。現場責任者のポジションにいたザ・グレート・カブキである。他の選手たちからはやや遅れて全日本を退団し、レボリューションに合流したカブキは、その豊富な経験から、マッチメイカー、ブッカー、そして現場の仕切りなど、多くの仕事をこなしていた。しかし団体内があまりにもバラバラで収拾がつかなくなったために対応しきれなくなり、全ての役割を投げ打ってフリーとなり、渡米することを宣言したのだった。92年4月のことである。

一度はFMWのリングにも登場し、参戦に向けて大仁田厚やターザン後藤と話し合いも持ったカブキだったが、これは実現せず、宣言通りに渡米。その後、会社側の要請を受けて5月シリーズに出場するために帰国した。しかしその直後から、情勢は大きく変化した。

行動に出たのは谷津嘉章だった。前年末、選手会長及び若松に代わる道場・檄の道場主に就任していた谷津は5月14日に「天龍に社長辞任を通告した」旨をマスコミにFAX。

急遽、会見を開くと天龍体制への不満をぶちまけ、5月シリーズにも出場せず退団する意向を示した。

シリーズは4日後の18日に開幕する予定であり、すでに全カードも発表されている状態。会社や他の選手たちの対応で状況は目まぐるしく変わり、一度は全大会キャンセルも検討されたが、結局はレボリューションと他の部屋の選手たちが絡むことのないカードに全面変更されて行われることとなった。

全4戦のシリーズは異様な空気の中で進められ、パライストラと檄の所属選手たちが円陣を組んで団結をアピールする一幕も。しかし最終戦の後楽園ホールでは一転して谷津が会見し「混乱の責任を取って退団、引退」を宣言。メインではレボリューション勢による6人タッグを終えた天龍がファンに囲まれて団体継続を力強く約束し、騒動には終止符が打たれたかに見えた。

しかし翌23日の緊急理事会の結論は、「続行」とはならなかった。25日の会見で発表されたのは、6月シリーズを最後にしてのＳＷＳの活動休止。以後、天龍を中心とする旧レボリューションとジョージ高野を中心とする旧パライストラ＆檄勢はそれぞれ新団体を設立し、年に数回はＳＷＳの名の下に合同で興行を開催する、という計画も同時に明らかにされた。

▲92年5月25日に行われた記者会見で、SWSとしての興行休止と二派に分かれて活動していくことが発表された

この発表通りにＳＷＳは6月の九州シリーズを最後に活動を終え、7月には天龍の新団体「ＷＡＲ」が、8月にはパライストラ&樹勢の新団体「ＮＯＷ」が旗揚げ。もっともＮＯＷのほうは旗揚げ戦直前に高野兄弟が離脱するという事態に見舞われ、その高野兄弟はのちに「ＰＷＣ」を設立する（翌年の旗揚げ戦にジョージは参加せず）など、こちらは混乱が続いた。すでに予兆が見られていた日本マット界の「多団体時代」は、この混乱をきっかけにさらに加速していくことになる。

大会や巡業でも選手たちはバラバラ 団体として機能していなかった内情

多額の設立資金と万全のバックアップ体制をバックにスタートした日本初の「企業プロレス」は、わずか2年あまりでその歴史に幕を下ろすことになった。ここまで見てきた通り、その途中にはいくつもの試行錯誤や貴重な実験もあったが、結局のところ、最後に起きたのは選手たちの自己主張が招いた「内部崩壊」であった。

リング内外で重要な役割を果たしたが、そうした内部崩壊に苦しめられたためにそのポジションを下りなければならなくなったザ・グレート・カブキは当時を振り返り、こう話す。

「最後の頃は、もうどうにもならなくて会社からはずれていたんだよね。結局、しょせん寄せ集めは寄せ集め。それでどんなに人数がいようと、ガチッとしたまとまりはないよね。ちゃんとまとまっていたのはレボリューションだけで、檄もパライストラもバラバラでまとまりがなかったから。やっぱり寄せ集めはダメ。最初の段階で、しっかり人選しないとダメだよ。

部屋制度は、うまくやればできたはずなんだよ。でも、一方のチームは『俺が俺が』の連中ばっかりだし、もう一方のチームは仕事にならないようなレスラーばかりしかいなかった。そうするとレボリューションがいくら頑張ってもどうにもできないし、かえって残りの連中がやきもちを焼くようになるんだよね。

その連中が変にくっついてまとまって、仕事もできないのにゴチャゴチャやって、結局はダメになっていったんだ。もうそうなると、自分もブッカーを下りて、『勝手にやってくれ』って言うしかなかったよね。

天龍もバカ負け（業界用語で、「あきれかえる」こと）しちゃってたよ。『源ちゃん、俺もうやってられないから。バカばっかりでやってられない』って言ったんだけどさ。

会社は最後まで一生懸命やってくれましたよ。それはよかったんだけど、あの連中が社長にいろんなことを吹き込んだんだよ。社長は両方の言い分を聞くしかないから、レボリューション側には『解決に向けて案を出してくれ』と言ってくる。だから案を出してそれが採用されそうになると、あの連中は面白くないから潰しにかかってくる。じゃあ自分でやってみろっていう状態でね。もう団体として機能してなかったですよ。

もともと、どの大会でも自分が先乗りして体育館の照明、ステージの設営や椅子並べに至るまで全部指導していたんだから。他の連中は威張ってるだけで、控室から出てきもしなかった。もちろん後半は雰囲気も悪くてね。大会や巡業でもバラバラで、とても『団体』って感じじゃなかったですね」

団体の終了にあたって、メガネスーパー側はどのように動いたのか。筆者が以前行ったインタビューで、元ＳＷＳ代表の富永巽はこう語っている。

「（最後は）唐突でしたね。私と弁護士が料亭に呼び出されまして、『ＳＷＳはやめるよ。解散に向けて、先生は法的な部分、富永君は事務的な部分を、お互いに連絡を密にして進めてほしい』と言われました。そこからは契約解除の手続き、違約金、いくつかの訴訟、それから週刊誌に載った誹謗中傷記事への対応、マスコミからの取材などで、思いに浸るような時間はありませんでしたね。今流行りの言葉で言えば、『粛々と仕事をこなす』だけでした。

私どもは、産業界とプロレス団体というのは共に夢を作り利益を追求するということができると、皆が心を一つにすることができると信じていました。この認識が、結局は間違いだったのかと思うんですよ。プロレスラーというのは皆さん、「ひとり親方」なんですね。とても自我の強い人たちの集まりです。会社員の自我はあれほど強くはありません。よく考えれば当たり前なんですが、当時は社長も私も、そう割り切って考えることができませんでした。資金は潤沢、道場も完備、選手も多数。この状況の中で崩壊に至ったのは、選手たちへの認識の誤りが一因だったと思いますね」(『SWSプロレス激闘史』ベースボール・マガジン社)

かつて橋本真也はSWS批判に触れて「お金を出してくれる人間を悪く言っちゃいけない」と発言したが、確かにメガネスーパー、そして田中八郎社長はプロレス史上で後にも先にもないほどの巨額の資金を投じて、プロレス界に貢献しようとした希有な存在だ。しかし、そこからスタートしたSWSはどうしてこのようなことにならざるを得なかったのか。その根本の問題は解決したのか。その部分は、まだまだ考える必要があるように思えてならない。

平成マット界 プロレス団体の終焉 第3章

新格闘プロレス

1994年11月16日 三重・松阪市総合体育館

前年に船木誠勝と鈴木みのるを中心にパンクラスが旗揚げ、海外ではUFCが誕生したことから、以降のブームにつながる格闘技新時代を迎えようとしていた1994年。新格闘プロレスは、大仁田厚と抗争を繰り広げ、新日本のリングにも上がった誠心会館の館長・青柳政司によって旗揚げされた。シューティングとの対抗戦など話題を提供しながらも、迷走を繰り返したその理由とは。

1994年に誠心会館の青柳政司が旗揚げを決意

新格闘プロレスは、1994年に旗揚げし、同年内に終わってしまった団体である（厳密な終了は95年の初頭なのかもしれないが、そこについては後述）。プロレス団体としては短命と言っていいが、いくつかの点で「プロレス史」、あるいは「格闘技史」に残る団体と言っていいだろう。

団体発足のきっかけはいくつかある。まずひとつは、前年の93年にオリエンタルプロレスが解散したこと。もうひとつは「平成維震軍」の一員として新日本プロレスに参戦していた青柳政司が、同団体を離れて「もう一度誠心会館で勝負したい」という意志を持っていたこと。

まずこのふたつが重なる形で、94年1月15日、後楽園ホールで誠心会館の主催興行「THE KENKA '94」が開催されている。青柳はこの興行を皮切りに新たな道を踏み出そうとしており、営業担当としてオリエンタルの玉生剛士社長に白羽の矢を立てたのだという。一方の玉生は、ここで青柳と組むことでオリエンタルの後継団体、受け皿とすることができるという目論見があり、両者の利害は一致したというわけだ。

94年にオリエンタルでプロデビューした山田圭介（現・ブラックバファロー）は、玉生からこう言われた記憶があるという。

「青柳館長と齊藤彰俊さんに入ってもらって、新団体をやるから」

青柳も齊藤も新日本のリングで人気を得ていただけに、そのふたりが目玉なら新団体は安泰だろうと、関係者は踏んでいたはずだ。現に山田もそれを聞いて「すげえな」と思ったのだという。

１９５０人（満員＝主催者発表・以下同）の観衆を集めて行われた自主興行では全６試合が行われた。全て1ラウンド3分のラウンド制で、メインでは青柳が板倉広にＫＯ勝利。板倉はオリエンタルの前身であるパイオニア戦志でデビューし、この当時は誠心会館所属となっていた。セミでは齊藤彰俊が、「空飛ぶボクサー」として人気を博していた木川田潤を4ＲでＫＯしている。

入場式で青柳は「今日は今までと違った格闘技をお見せしたい」と語り、2月18日の第2弾興行の開催、その目玉がプロボクシング京都山下ジムとの全面対抗戦となることも発表した。

この時期、青柳と齊藤は新日本との契約更改を控えていた。青柳はすでに新日本離脱を決意しており、大会当日も「正直、齊藤にもこっちに来てもらいたい」とコメントしていたが、齊藤のほうは「迷ってるんです」と苦笑いしていたという。

U系団体などの名前を列挙して「チャンスがあれば試合をしたい」

青柳が格闘技をメインにした自団体を旗揚げした背景には、格闘技シーンの盛り上がりがあった。新生UWFは91年に解散したが、そこから分裂したUWFインターナショナルやリングスは好調に活動中。前年の93年は国内でK—1とパンクラスが旗揚げし、アメリカではアルティメット大会（のちのUFC）が初開催され、ともに大きな衝撃を呼んでいた。空手からプロレスで活躍していた青柳には、より格闘技に近いスタイルで成功を収めたいという思いがあったはずだ。

青柳は1月25日、新日本と会談し契約終了で同意。「空手を活かした立ち技中心の試合をやりたい」と告げたのだという。一方、齊藤は28日に新日本との契約を更改。両者は別々の道を歩むことになった。

28日、都内で会見した青柳は、2月2日に新団体「新格闘プロレスリング」の発足記者会見を行うことを予告。空手のオープントーナメント「トーワ杯」に選手を送り込みたいこと、アルティメット大会にも興味があり、ゆくゆくはリングを金網オクタゴンに変えたいとも考えていることなどを明かした。その上で、「自分たちの団体はインディペンデントじゃない。パンクラスやリングスを抜かないかん。いろんなプロレスラーと闘った経験を活かして、自分の道を開きたい」と決意表明している。

2月2日に行われた団体設立会見には、代表に就任した青柳以下、玉生社長、鈴木盛・日本IBFコミッショナー、板倉広、矢口一郎、木川田潤、阿部吉彦（宮川道場）、大角比呂詩（山下ジム）が出席。この他、誠心会館の田尻茂一、深谷友一、旧オリエンタルの藤田豊成、山田など、計11選手が所属。月1回の後楽園大会を柱に、県庁所在地を中心に年間60試合を開催すると発表した。

また、誠心会館の第2回興行としていた2・18後楽園をプレ旗揚げ戦に変更。正式旗揚げ戦は3・11後楽園とし、そこから全5戦の旗揚げシリーズを行うことを発表した。

団体の略称は「NSBW（New Stage Battle as Wrestling）」。モットーは「ドラマティック&ダイナミック」。団体のロゴマークはその頭文字「DD」をデザインしたものとなった。青柳は「今までの格闘技のようにプロレス的なものじゃなくて、もっとすごいものを見せたい」とし、興味のある他団体として藤原組やパンクラス、北尾道場などの名前を列挙。「パンクラスにはものすごく興味があります。船木君、鈴木君の絞め技に対して、僕らの蹴りがどれだけ通用するのか試したい。チャンスがあれば、試合をやってみたいですね」と話した。

プレ旗揚げ戦前の発表に関係者一同が腰を抜かす

新団体の格闘技路線は、前述の通り青柳と玉生社長の思惑が一致したものだったが、選手たちが全員納得していたというものでもなかったようだ。オリエンタルでプロレス業界に入り、そのまま新格闘のスタッフとなった松井幸則（現在はＤＤＴでレフェリーを務める）はこう話す。

「オリエンタルを畳む時点で『次の団体をやるから』ということで、格闘技路線に行くという話がありました。社長たちはパンクラスなんかの成功を見て、あれに近い格闘技的なものをやろうと思ったんでしょう。でも、その方向性に合わない人はそこでやめていきました。松崎駿馬さんや荒谷信孝さんは『普通のプロレスがやりたいから、そっちには行かない』と。それ以外の若い選手たちには、イエスの選択肢しかなかったですね。『上の人がそこに行くから俺たちもそうなる』と。でもオリエンタル勢はみんな、根っこの部分ではプロレスがやりたかったんですよ」

山田も当時を振り返ってこう言う。

「一番下だから、やれって言われたらやるしかないんですけど、鳥取の田舎で柔道をやってた程度ですから、何もできないですよね。ＵＷＦが好きだったから、〝ごっこ〟はやれましたけど（笑）。

その頃、会社から『ボクシングを習いに行ってこいよ』と言われて、僕と藤田さんで１カ月ぐらいボクシングジムに通ったことがあるんですよ。でも藤田さんは『俺はプロレスがやりたいんだ』の一点張りで、すぐに行くのをやめちゃって、自然消滅しました。

もっとキャリアがあったら『どうしよう……』と身の振り方を考えてたかもしれませんが、やれと言われたことをやるしかない状況ですからね。大人の世界を垣間見て、『これがプロレスの裏側か』と思ってましたよ（笑）」

ともあれ団体としてはスタートを切り、まずはプレ旗揚げ戦に臨もうという2月上旬、ある発表が関係者に衝撃をもたらす。５月に日本で開催されるＷＷＦ（現・ＷＷＥ）の「マニアツアー」の出場選手に、青柳の名前が入っていたのだ。青柳から出場を直訴したという話もあり、「格闘技路線に舵を切ったはずが、対極のＷＷＦに参戦とは？」との疑念が周辺の多くの人の中で渦巻いた。

2・18後楽園でのプレ旗揚げ戦を終えた青柳は、この疑念に応えてこうコメントしている。

「何でWWFとやるんだって言われるんですが、私は誠心会館の館長として、やらなければならないことがいっぱいあるんです。格闘技に、やって損することはないんです。大きい相手にどこまで通じるか、せっかく来てるんだから、やらない手はない」

対抗戦に打って出るも4試合、計187秒で全敗

「やらなければならないことがいっぱいある」という言葉は、この5日後の2月23日に行われた電撃会見につながる。佐山聡率いる日本プロシューティング協会との業務提携発表が行われたのだ。両団体が交流して対抗戦を行うことなどが発表されたが、マスコミの興味は「佐山vs青柳実現か」という点に絞られていた。対戦には両者とも興味を示し、青柳は「秋ぐらいまでには、横浜アリーナか東京体育館あたりで」とも口にした。

この業務提携によって実現したシューティングとの全面対抗戦こそが、新格闘プロレス

▲対抗戦には、のちに「ヴァーリ・トゥード・ジャパン」に参戦し、日本ブラジリアン柔術界の中心的存在となる中井祐樹も出場した

が「プロレス史、格闘技史に残る団体」となった所以である。実質的にこの対抗戦が、今でいう総合格闘技（MMA）とプロレスが全面的に交わる最初の機会となったからだ。

対抗戦は、3・11後楽園での旗揚げ戦で1試合、翌週18日のシューティング後楽園大会で3試合が組まれた。その結果は……新格闘の4戦全敗。しかも初戦の木川田潤vs中井祐樹を含め3試合が1分以内の秒殺、4試合を合計しても187秒しかかからないという「大惨敗」だった。

山田はこの対抗戦について、「子供心に『メリットあるのかな？』と思ってました」と語る。

「彼らとは普段の練習からしてやっていることが違うから、勝てるわけないと思ってましたよ（笑）。シューティングをやられていた板倉さんなら少しは勝負になるのかなと思いましたけど、青柳さんや板倉さんというトップ選手が出ていって負けたら終わりですからね。板倉さんたちもそれはわかってたんだと思います。

負けたことは悔しかったですよ。ただ、オリエンタルや新格闘の選手って、あまりに団体の知名度がなくて『本当のプロレスラーなの？』みたいに思われてたので、負けたことすらも批判してもらえないレベルでしたよね、当時は」

松井はこの頃のことを、こう振り返る。

「今考えれば勝てるはずがないんですけど、ＰＲＩＤＥにプロレスラーが出たりする前だったので、『勝てるんじゃないか』っていう安易な考えがあったんでしょうね。勝てるわけないとわかってる藤田さんは、ものすごく嫌がってました。空手の深谷さんや阿部さんは、もしかしたら『一発いいのを当てれば』という気持ちだったかもしれませんけど。

まあ、今なら絶対負けるって言えますけど、藤田さんは道場では強かったので、周りは『勝てるんじゃない？』みたいな空気もなくはなかったですよね。

ただあの結果が出て、『勝てるよ、勝てるよ』とけしかけたトップが、現実がわかって身を引いた感じですね」

その言葉通り、対抗戦も業務提携も、これきりでほとんどフェードアウトとなっている。

それと入れ替わるように新格闘のリングに現れたのが、リングスなどでも闘っていた木村浩一郎だ。木村と青柳はさっそく４・４後楽園で対戦し、３Ｒレフェリーストップで木村が勝利している。実はここからが、新格闘の「迷走」の始まりだった。

「青柳館長は逃げました」設立者が開幕戦を無断欠場

まずエースが敗れた翌日のスポーツ紙には、「新格闘プロレス、一時解散」という見出しが躍り、すぐにフロントが「青柳の失言」として否定するという騒ぎが勃発。続く4月シリーズは予定通り開催されるが、4月23日の高岡大会で木村vs青柳の再戦が地方大会にもかかわらず突如実現。木村が6分過ぎにヒザ十字固めで勝利して返り討ちにすると、青柳は「今度は3分以内で倒す。それができなかったら潔く引退します」と宣言した。

しかし、青柳はシリーズ終了後にフロントと会談を持ち、「今後の方向性や試合スタイルなどについて木村以下の選手と意見の食い違いが大きい」として5・22後楽園大会の欠場を発表。そして以前に発表されていた通り、「WWFマニアツアー」に参戦するのである。青柳はボブ・バックランドに勝利したりしたものの、大きな話題は残せずに終わった。

ここからしばらくの新格闘プロレスは、代表であるはずの青柳に翻弄される形となってしまう。木村vs板倉がメインとなった5・22後楽園をリングサイドで観戦した青柳は、板倉の「自分が作った団体を大事にしてほしい。早く帰ってきて一緒にやりましょう」とい

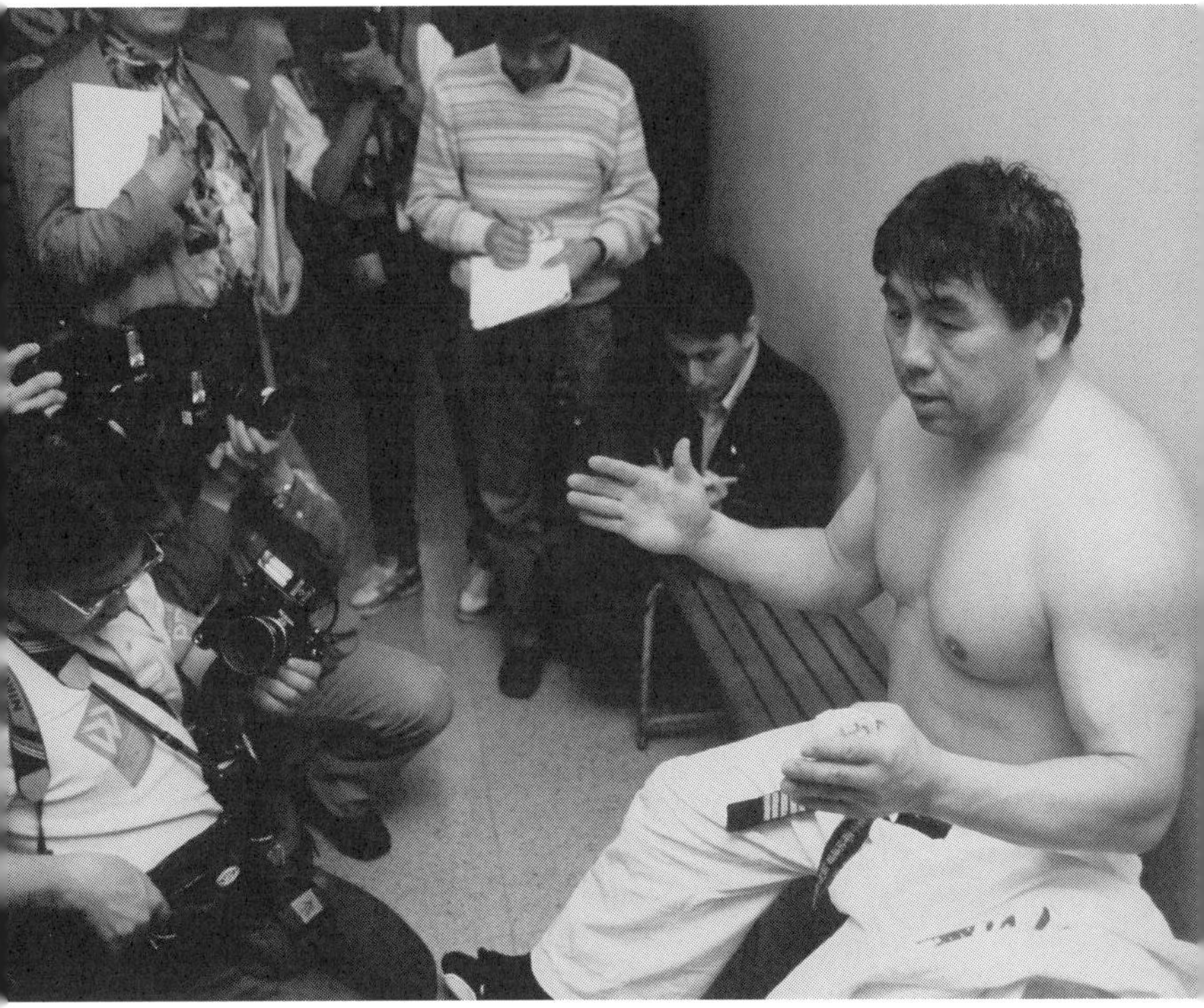

▲時にさまざまな局面で理想を語って周囲を巻き込んだ青柳。しかし、
実が伴うことなく団体は迷走を続けていくことになる

う呼びかけをよそに「もう一度見て、自分が参戦するかを決めたい」と態度を保留。6月26日の館林大会に再び姿を現すと、WARから乱入してきた邪道・外道の挑発を受け、団体はWARの7・17両国大会に青柳の派遣を決定する。さらに「2大会を見たが、下の選手たちに危機感が出て、私が求めるものに近づいた」として、青柳の新格闘7月シリーズへの出場が発表された。

WARとの対抗路線が新機軸となり、これで新格闘のリングも正常化するのかと思われたのもつかの間、青柳はシリーズ開幕に先立ち、WAR7・17両国と同日のFMW後楽園に突如乱入。7・31FMW横浜でサンボ浅子戦も決定し、さらにWAR8月シリーズへの青柳の全戦出場も発表されるに至っては、「いったい館長は何を考えているのか？ それが所属選手及びフロントの青柳に対する一致した考えである」と、『週刊プロレス』のレポートに書かれてしまうのも無理はない。

青柳は7月シリーズには予定通り出場したものの、8月にはFMWで大仁田と電流爆破マッチを行い、ミスター・ポーゴと電撃合体を果たすなど〝大活躍〟を見せる。そしてついに9月3日、新格闘のシリーズ開幕戦を〝無断欠場〟。同時に田尻、深谷、伊藤好郎ら「青柳派」の選手たちもマッチメイクから姿を消した。木村は「後楽園で俺とケジメマッチをやれ！」と息巻き、フロントも「青柳が来るならカード変更も辞さない」としたが、一方で「100%ないと思います」ともコメント。結局、木村は9・24後楽園のリングで「青柳館長は逃げました。皆さんが証人です。もう戻ってこないでしょう。自分たちだけで頑張ります」とマイクアピール。「青柳体制」はこれで完全に終了することとなった。

迷走と選手離脱の末に全試合が金網デスマッチに

その後、何度かの日程変更を経つつも大会を継続していった新格闘だったが、11月に入ると板倉が16日の三重・松阪大会を最後に離脱すると発表。板倉はWAR移籍が決定的、旧オリプロ勢も他団体に散っていく可能性が高いと報じられ、いよいよ木村体制のもと、格闘技色を強めるのではと予想された。そして板倉の最終戦となる松阪大会は、全試合が「有刺鉄線金網デスマッチ」として行われることも、突如発表された。

こうして迎えた松阪市総合体育館大会。結局これが、新格闘プロレスとしての最後の興行となった。発表通り全試合が有刺鉄線金網デスマッチとして行われたが、全7試合のうち金網や有刺鉄線を凶器として使用したのは、W★INGから移籍してきていた高山秀男（のちのBADBOY非道）のみ。他はメインの木村vs板倉を含め、これまでと変わらない格闘技スタイルの試合が行われた。

この日、「アルティメット大会を意識して闘った」という木村は、以後は自分が中心となって引っ張っていくことを宣言。12月の盛岡大会開催も発表され、この時点では団体は継続していくものと思われていた。

7月にレフェリーデビューを果たしていた松井はこの松阪大会について、「この先、大丈夫なのかという空気も匂い始めてはいましたが、終わるとは思っていなかったので、特別なことは特になかったですね」と振り返る。ただ、「板倉さんが行くというからついていったし、お世話にもなっていたので、その板倉さんが抜けるのはショックでした。木村さんはあくまで〝格闘技の人〟という感じで、ちゃんとした柱がなくなるなあと」とも。

一方の山田にこの大会について聞いてみると、「全然覚えてないですね。有刺鉄線金網デスマッチだったんですか？　うーん、第1試合だから金網での攻撃は使ってないでしょうし、〝初〟っていう意識もなかったと思うんで」とのこと。

この大会の後、専門誌上でそもそも少なかった新格闘プロレスの情報は、ほとんどないというレベルにまで減ってしまう。予定されていた盛岡大会は中止されたが、その告知も見当たらなかった。松井によれば「ポスターもできていて営業に行く予定にもなっていたんですが、急に中止って言われて。その時に『これはもう無理だな』と思いました」と言う。

松井は新格闘プロレスについて「業界での実質のスタート地点ですね。あの団体でレフェリーデビューしていなかったら、今もこの業界にいることはなかったと思うので、恩義は感じています。メチャクチャな団体でしたけどね（笑）」と話す。

一方、山田は新格闘で過ごした1年弱を「無駄な時間」とぶった切る。「新格闘で得たものは……ない！」とも。「オリエンタル時代なら藤田さんや松崎さんとの人間関係、プロレスのいろはの『い』を学んだりと挙げるものがありますけど、新格闘となると、何もないです。その後、僕はＩＷＡジャパンに移籍しましたが、最初からＩＷＡに行っていれば、もっと基礎から教われたと思います」

『週刊プロレス』の「全団体オフィスガイド」には、明けて95年になってもしばらく新格闘プロレスの名前と連絡先が掲載されていたが、2月28日付の号でひっそりと削除された。

格闘技とプロレスの狭間で翻弄され、短い一生を終えた……それが新格闘プロレスという団体だった。

平成マット界
プロレス団体の終焉

第4章 W★ING

1994年3月13日　東京・アメニティトライアル多摩21

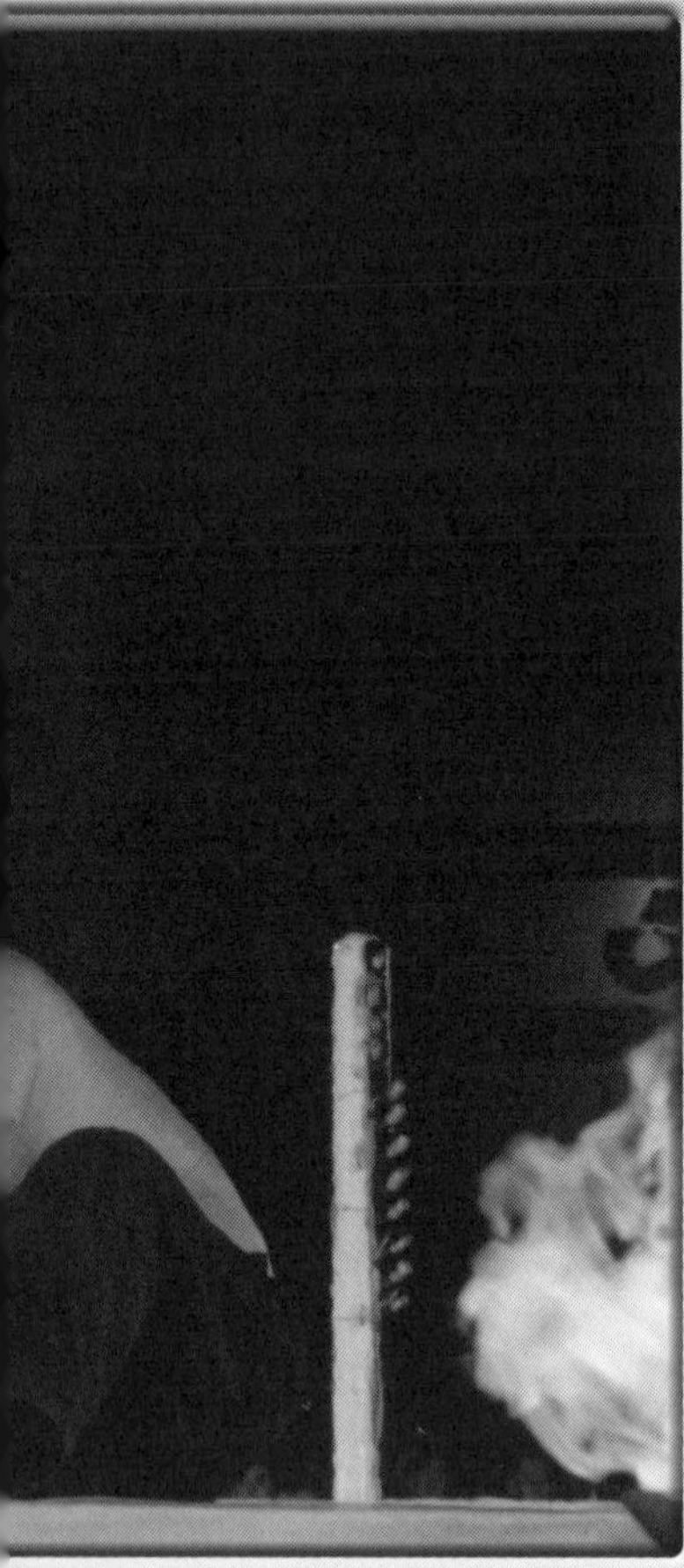

1991年、大仁田厚との確執をきっかけに多くのフロントや外国人選手のブッキングルートだったキニョネスらがFMWを離脱して旗揚げした。順風満帆の船出に見えたが、早々に分裂騒動が勃発。組織変更後、デスマッチ路線でマニアのハートを掴みながらも、唐突にその終焉を迎えることに……。誕生から崩壊まで、混迷を極めたその内情を当事者に直撃した。

スタート早々に内紛が勃発 W★INGは2派に分裂

日本のプロレス史は、リアルタイムで通過してきた人間にはともかく、後から歴史を俯瞰して眺めた者にとっては、相当複雑なものになっているのではないだろうか。何しろリアルタイムでも、「これはどうなっているのか?」と思わされる出来事が多いのだから。

今回取り上げるW★INGは、その代表例と言えるかもしれない。何しろ歴史上、「W★ING」という団体名、グループ名は何度も登場する。その中でここでは、一般的に多くの人が思い浮かべるであろう、1991年12月から94年3月まで活動した「W★INGプロモーション」の最後を追っていく。

まずは、そのW★INGプロモーションを含めた「全てのW★ING」の歴史を概観してみよう。

W★INGの歴史は、91年にFMWからフロントの大迫和義、茨城清志らが離脱したことに始まる。彼らは同時期に離脱したビクター・キニョネスらプエルトリコ勢とともに「世界格闘技連合W★ING」を旗揚げ。同年8月7日に後楽園ホールで旗揚げ戦が行われた。

ＦＭＷに参戦していた齋藤彰俊（空手）、徳田光輝（柔道）、木村浩一郎（サブミッションアーツレスリング）の「格闘三兄弟」を中心に展開しようとした同団体だったが、スタート早々に内紛が勃発。大迫と茨城は袂を分かつこととなり、茨城は別会社「Ｗ★ＩＮＧプロモーション」を設立。12月10日にミル・マスカラスを招聘して後楽園ホールで「再旗揚げ戦」を行った。一方の大迫はＷＭＡ（世界格闘技連合）を設立も選手を確保することができず、興行を開催する前に92年1月末をもって解散した。

このあたりの経緯を、茨城はこう語る。

「大仁田（厚）と一緒にＦＭＷの旗揚げから関わりましたが、しばらく経つと、大仁田も変わってきてね。それで出ることになったんだけど、大迫が『格闘技団体をやりたい』と言うからそっちの方向性で行くことになって、私も１０００万円とかを出資したんですよ。でも3シリーズぐらいでいろいろと立ち行かなくなって、お金も返ってきそうにないし、一緒にやっていられないと。それで自分でやることになったんです」

91年と言えば、新生ＵＷＦが年頭に解散して三派に分裂。ルチャリブレ中心のユニバーサル・レスリング連盟なども誕生し、「多団体時代」が始まろうとしている頃であった。ＦＭＷから派生したＷ★ＩＮＧは、旗揚げ戦からその破天荒さ（よくも悪くも）で一部マニアの注目を集めていたが、〝第一期〟は短期間であえなく終了。茨城が旗揚げした「Ｗ

▲内部分裂で短命に終わった「世界格闘技連合W★ING」の旗揚げ戦。格闘三兄弟のほか、多くの外国人レスラーが参戦した

★ING プロモーション」(以下、こちらを「W★ING」と呼称する)の始動により、やっと本格的な歴史をスタートすることとなった。

ちなみにこの再旗揚げ戦の目玉はマスカラスの来日だったが、茨城によれば「全日本より高いギャラを払って、飛行機もファーストクラス。最初から、札止めになっても赤字という興行だった」と言う。

デスマッチで人気を博すも唐突に訪れた「終焉」

当初は方向性を模索している感もあったW★INGだが、ほどなくしてデスマッチ路線に舵を切ると、マニア人気が高まるようになった。日本側のエースとしては、後楽園ホールのバルコニーから初のダイブを敢行した松永光弘が台頭。ミスター・ポーゴやジェイソン・ザ・テリブルらレギュラー勢にプエルトリコやアメリカからの外国人も加わって、アイデアに富んだデスマッチの数々が評判を呼んだ。

また〝古巣〟のFMWとはさまざまな面で争うこととなった。92年8月2日には、松永とポーゴがファイヤーデスマッチで対戦。この形式は同年5月、FMWが先に行ったもののだが火力をコントロールできず失敗に終わっている。W★INGは火の取り扱い方を改善して、因縁のふたりが対戦することで千葉・船橋オートレース場駐車場特設リングに約5000人の観客を動員。デスマッチの内容はハードコア色を強めていき、熱狂的なマニアを生んでいった。

多くの外国人も招聘したW★INGだったが、94年3月には唐突にその歴史に幕を閉じた。このあたりの出来事については後述するが、数カ月で消滅した第1期W★ING（世界格闘技連合W★ING）の後を受けた第2期（W★INGプロモーション）も、3年弱しか続かなかったということになる。

W★INGが「プロレス団体」の体裁を取っていたのはここまでで、事実上、「W★ING正史」もこの94年3月までと考えたほうがいいだろう。この後、茨城はECWの選手を招聘した「新生W★ING」、ジェイソン・ザ・テリブルをエースにメキシコAAAの選手が中心となった「真正W★ING」などを手がけるが、いずれも短命に終わっている。

この他、W★INGプロモーション初期から急激に台頭してきた金村ゆきひろ（のちの金村キンタロー）が、95年にFMWのリングで「W★ING金村」に改名。ポーゴ、松永らとの「W★ING同盟」を経て、そのものズバリの「W★ING」のユニット名でFMW軍と抗争を繰り広げ、「団体扱い」として主催興行も開催した。

▲ポーゴらを中心にデスマッチ路線で熱狂的なファンを集めながらも、主力選手が離脱し他団体へ流出していった

ここまでが、W★INGの歴史である。細かい興行も含めればもっとあるのだが、それは本稿のテーマからは離れるので割愛させていただく。

大会直前に社長が失踪 W★ING崩壊の真相

さて、94年3月の第2次W★INGの終焉についてである。最終興行となったのは3月13日の東京・アメニティトライアル多摩21（南大沢マルチパーパスプラザ）大会。これは9日に始まった「WHO'S THE DANGER'94～EVIL'S LAW～」シリーズの第4戦にして最終戦だった。これについて、ウィキペディアにはこう記述されている。

「94年、フリー参戦でありながら主軸となっていた邪道、外道、非道が離脱してマッチメイクにも苦慮するようになった。さらに、これまで二人三脚体制で支えてきたキニョネスが放漫経営を繰り返す茨城と決裂して3月をもってW★INGプロモーションを離脱。5月、キニョネスがIWA JAPANを設立。外国人選手のブッカーとしても重要な立場でもあったキニョネスの離脱で事実上運営が手詰まり状態になって3月13日、アメニティトライアル多摩21大会直後に茨城が失踪する事態となり事実上、W★INGプロモーションは崩壊」

　この記述にはまず時系列の混乱が見られるのだが、当事者である茨城は、「そもそも事実関係からして違う」と言う。もっとも彼は今回の取材までこの記述を見ておらず、「そんなことが書かれているんですか」とやや驚きの声をあげていた。彼の言い分はこうだ。

「私は失踪なんかしてませんよ（笑）。当時、自宅の近くでは選手とバッタリ会うこともありましたし、逃げも隠れもしていません。ただ、この大会を最後に興行を継続できない事態になったのは事実です。売り興行のプロモーターからお金が入らないことなどもあって、ずっと苦しい状態が続いていたんですが、ここでいったん、力尽きてしまったんですね。

ビクター・キニョネスとも、最後までビジネスをしていました」

　この〝失踪〟については、当時エースとして最後まで試合に出場し続けた金村も、こう証言する。

「最終戦の会場にもいましたし、逃げてはいないですよ。社長（金村は茨城をこう呼ぶ）はお金をくれないことはありましたが、逃げるようなことをする人間ではないです」

　ではここで、この最終大会の試合結果を見てみよう。

▼第１試合　トライアングルマッチ　30分１本勝負

①〇ジ・ウインガー（10分14秒、両者リングアウト）●リコ
②〇松崎和彦（5分57秒、腹固め）●リコ
③〇ジ・ウインガー（8分52秒、ラ・マヒストラル）●松崎和彦

※ジ・ウインガーが優勝

▼第2試合　60分1本勝負
〇ロン・ハリス＆ドンン・ハリス
（13分47秒、片エビ固め）
●ヘッドハンターA＆ヘッドハンターB
※ニードロップ

▼第3試合　W★ING認定世界ヘビー級選手権試合　時間無制限1本勝負
〇クリプト・キーパー〈王者〉
（4分32秒、片エビ固め）
●レザー・フェイス〈挑戦者〉
※ギロチン式エースクラッシャー。クリプト・キーパー2度目の王座防衛に成功。

▼第４試合 60分１本勝負
○ケンドー・ナガサキ&荒谷信孝
（16分39秒、片エビ固め）
金村ゆきひろ&●中牧昭二
※パイルドライバー

《観衆１８００人（満員）》

まずヘッドハンターズ、レザー・フェイスといった外国人選手が出場していることから、少なくともこの時点ではキニョネスは離れていないことがわかる。ただし、水面下では動きがあったようだ。

最終興行から透けて見える「さまざまな裏事情」

「キニョネスたちが『イバラギの体制ではもうダメだ』ということで、プロモーターの浅野起州さんと一緒に新団体設立の方向で動いてはいたんですよ。もちろん、茨城さんの知らないところで。僕も一度、新宿二丁目の浅野さんの店にその話をしに行ったことがあります。一緒に行った人間とは時間差で店を出入りしました」（金村）

ちなみにこの多摩大会は、流血戦が一切ないままに終わっている。外国人同士の試合では場外乱闘は行っているものの、流血はなし。またメインでは場外乱闘もなかった。デスマッチ団体として名を馳せ、出場選手が血みどろになるのは日常茶飯事だった当時のW★INGでは、異例中の異例な出来事であった。これはなぜなのか？　金村はこう答える。

「ケンドー・ナガサキさんが、凶器を使った乱闘や流血試合をさせてくれなかったんです。特にメインは純粋なレスリングのみでした。ナガサキさんは細かくは言いませんでしたが、『デスマッチばっかじゃダメだろ！』ということだと思いました」

海外を長く転戦し、新日本プロレスやFMWなどでも活躍したナガサキは、W★INGに参戦し始めたばかり。2月の後楽園ホール大会ではバンクハウス・デスマッチで荒谷と対戦したが、レスリング主体の戦いを繰り広げて勝利した末に、「デスマッチって言ったって、何をやってもいいんだから。やっぱりレスリングが基本だし、場外でガチャガチャやってるだけじゃ金は取れない」とコメントしている。キャリアの浅い選手が多かったW★INGで、レスリングの大切さを彼らに刻み込もうとしていたのだろう。

多額の経費が必要で ギャラは満足に支払われず

ところで、前述の試合記録を見て、何かお気づきになったことはないだろうか。もしかしたら今の感覚では違和感はないのかもしれないが、当時の興行としては出場選手数が少ないのである。全6試合といっても、半分の3試合は3選手による巴戦である。6試合を合計しても13人、うち日本人選手が6人。日本人、外国人ともに豪華メンバーが顔を揃えていた前年とは大きく異なっている。

これはこの時期、離脱者が相次いでいたためだ。トップどころで活躍していたポーゴ、松永らはFMWに戻り、この年の1月には邪道、外道が離脱しWARへ。他にも若手選手も含めて離脱が相次ぎ、陣容はかなり手薄になってしまっていた。そうした事情もあって、関係者のみならずファンの間でも、「そろそろW★INGがヤバいかもしれない」「このシリーズが最後になるかも……」というムードが漂っていた。この多摩大会にしても、「最後になるかもしれないから」という理由で足を運んだファンもいたようだ。

この最終シリーズの頃、現場の雰囲気はどうだったのだろうか。選手が減っていく中で、士気が下がったり空気が荒んだりということはなかったのだろうか？

「いや、別にそういう感じではなかったですね。むしろナガサキさんを中心に、逆に統率が取れてたぐらいですよ」（金村）

「特にそういうことは見なかったし、聞かなかったですね」（茨城）

とのことで、現場の空気に関しては、特に大きな変化はなかったようだ。実際、この興行については、（そう決まっていたわけではなかったとはいえ）「最終興行」にありがちな揉め事や涙などは確認できていない。

しかし、離脱者が出ていたことは事実であり、周辺では実際に未払いも起こっていた。現に、最後まで出場し続けた金村も、ファイトマネーを満足にもらったことはほとんどなかったという。

「確かにもらえてなかったですけど、僕は社長が好きだし、裏切る気は一切ありませんでした。W★INGがあったからこそ僕はプロとして一人前になれましたし、その舞台を作ってくれたのは社長ですから」

しかし、愛があってもお金がなければ人間は生きていけない。そこはどうしたのだろうか？

「ビクターが支援してくれることもありましたし、中牧（昭二）さんが若手にメシを食わせたりしていました。でも、不思議ではあるんですよね。W★INGはけっこうお客さんが入ってたんですよ。そのお金はどこに行ったのか……」

ここは茨城に聞くしかない。

「外国人も何人も呼んでたし、シリーズを組んで大会をやって、大人数が移動して宿泊して……となると、けっこうな経費がかかるんですよ。その中で、プロモーターが興行代金を払ってくれなかったりする。実際に迷惑をかけた人もいて、申し訳ないとは思いますけどね」

また、彼はこうも話す。

「W★INGは所属選手も何人もいて、若手も抱えて〝団体〟としてやっていましたからね。今は興行は多いけどその時だけ選手を集めてやるところばかりで、〝団体〟と呼べるところっていくつありますか？　W★INGはインディーって言われるけど、今で言うインディーとはだいぶ違ったと思いますよ。聞いた話だけど、最近はお客さんが入らないからって、後楽園ホールの片側の客席を潰してやる興行もあるらしいですよね？　W★INGは、後楽園で一番入らなかった時でも実数で７００人ですよ。おかげさまで、いつもけっこう入ってましたからね」

崩壊から30年近く経た現在も異彩を放ち続ける特異な団体

しかし不思議なのは、苦しい状況を何度も経験したはずの茨城が、その後、手を変え品を変え、興行を手がけ続けたことだ。これについては、「やっぱりプロレスが好きだからねえ」と、シンプルな答えが返ってきた。

「選手が引き抜かれてよそに移る時も、挨拶しに来たのもいれば、黙って去って行ってしまったのもいます。引き留め？　そりゃあ、選手にも生活がありますからね。そんなにたくさん払えていたわけでもないし、もっといい金額を提示されたら、行くのは仕方ないですよ。抜き返したりすればよかったのかもしれないけど、そういうのもねえ……。うーん、もしタイムスリップできるなら、『あの時にもっとああすればよかった』というのもなくはないけど、過去は過去だからね。でもね、今でもアメリカではものすごくW★INGのことが好きなマニアがいて、無許可のTシャツなんかも売ってるヤツがいるんだよね。今、公式グッズの話をあるところとしているんだけど、いつまでもこうやって思ってくれるのはうれしいですね。やった甲斐がありますよ」

最後に、どこまでも茨城を慕い、憎むことができないという金村に、「今、W★ＩＮＧに対して思うことは？」と聞いてみた。

「ミゲル・ペレス・ジュニア、トム・プリチャード、ジ・アイスマン、トレイシー・スマザーズとか……いろんなレスラーに教えてもらったことが、ＦＭＷですごく役に立ちましたね。受身に関しては、誰にも負けない自信がありました。本当に、僕の基礎を作ってくれた団体です」

熱狂的なマニアを生み、いくつもの伝説を生み出したW★ＩＮＧは、崩壊から30年近くが経った今も、プロレス史の中で特異な光を放ち続けているのである。

平成マット界 プロレス団体の終焉

第5章

FFF

ファイティング・フォー・フューチャー

1997年1月10日　東京・後楽園ホール

二強時代ののちに、離合集散を繰り返しながら本格的な多団体時代を迎えた1996年、乱立するインディー団体の統一という壮大な野望を掲げ、その呼びかけに共鳴した団体、ユニット、フリー選手が集まった。しかし、対立する組織ができるなど、紆余曲折を経て旗揚げ戦を待たずに前代未聞の事態を迎えることに……。幻となった理想郷の裏側を検証する。

90年代後半の特殊な時代性とあるレスラーの大いなる野望

本書では、タイトルの通り「終了した団体」の最後の時期を辿るということをテーマにしているが、今回はやや様相が異なる。なぜなら今回取り上げる団体「FFF」（ファイティング・フォー・フューチャー）は旗揚げすらしていないからだ。旗揚げを目前にして崩壊してしまった〝幻の団体〟としてプロレス史に名を刻むFFFだが、20年あまりが経過した現在にあっては、もはやファンの記憶からも消えてしまいつつある。周辺を含む一連の騒動を改めて探ってみると、90年代後半の特殊な時代性と、あるレスラーの大いなる野望が浮かび上がってきた。

そもそもFFFの発端は、石川敬士（孝志）を中心に94年末に旗揚げされた東京プロレスにある。WARを離脱した石川はダンク・タニ（WARで相撲軍団の「嵐」として活動し、その後、大黒坊弁慶に改名）、アポロ菅原、畠中浩旭、川畑輝鎮、天一坊一慶（三宅綾）、山川征二（竜司）らとともに新団体を設立。この時、実質的な運営母体となったのが、石川のスポンサーだった株式会社ビー・エス・エー（以下BSA）であった。

BSAはバイク便事業を中心とした会社で、四谷にオフィスを構えており、東京プロレスの事務所もこのBSAの社内に置かれていた。旗揚げ当時は石川と青柳政司が抗争を展開し、96年前半にはタッグ王座を新設。「3億円ベルト（宝石が散りばめられた1億5千万円のベルトが2本で、計3億円）」を懸けたトーナメントを開催して話題を呼んだ。国内外16チームが参戦してのトーナメントには、優勝して初代王者となった石川&安生洋二のチームをはじめとして、ザ・グレート・カブキ&大黒坊弁慶、藤原喜明&ミスター・ポーゴなど、フリー勢を中心とした大物も参戦して異色の顔合わせも多数実現した。

その後も初代タイガーマスクやアブドーラ・ザ・ブッチャーらが参戦するなど話題は提供したものの、興行成績は一向に上がらず、各会場では閑古鳥が鳴く有様だった。日本マット界全体では多団体時代が止まらず団体数は増え続けていたが、一時のインディーブームは落ち着きを見せていた。一方で93年にK―1とUFCがスタートしたことで格闘技ブームが盛り上がり始めており、特にバーリ・トゥード（ポルトガル語で「何でもあり」の意味。MMA）の大会が開催されてプロレスラーも参戦したりと、業界全体が新時代への転換期を迎えようとしていた時期であった。

そんな中で、東京プロレスは「数あるインディー団体のひとつ」ではあったが、96年後半にかけて、このリングがだんだんと「インディーの交差点」と呼べる状況になっていく。

▲インディー団体が乱立する中、キャスティングボードを握ろうとしたのが東京プロレスを旗揚げした石川敬士だった

前述のようにＢＳＡがバックについていることで潤沢な資金がある（と、周囲から見えていた）こと、それから、よく言えば「全方位外交」、ハッキリ言ってしまえば「行き当たりばったり」な運営が、徐々に独立系の大物たちを呼び寄せ始めたのである。

新日本、全日本の二強と並ぶ「第三勢力」を狙った動き

その主役となったのが、ターザン後藤と冬木弘道であった。95年にＦＭＷを離脱した後藤はミスター雁之助、フライングキッド市原とともに「真ＦＭＷ」としてＩＷＡジャパンに参戦していたが、96年10月７日の後楽園ホール大会を最後に同団体から離脱。海外の人脈を活かして団体の運営に関わっていた佐藤昭雄も同じ時期に退陣を表明していたこともあり、この大会は「最後の後楽園ホールか」と言われ、ＩＷＡジャパンという団体の存続そのものも危ぶまれる事態となっていた。

ＩＷＡジャパンといえば、この前年に川崎球場大会を成功させ、インディーの新たな盟主とも目されていた。その団体がわずか１年で存続の危機にさらされるというのは、当時のマット界がいかに流動的だったかの証明とも言えよう（根本的な部分では今も変わって

はいないが)。

この大会のメインは、後藤&雁之助vs冬木&レザー・フェイスというカード。冬木はWARに所属していたが独自の活動を続けており、この大会の後には「完全フリー宣言」を発している。ちなみにIWAジャパンはこの大会後、所属選手たちの懇願を受けて浅野起州代表が団体の存否を保留。とりあえず最悪の展開は阻止されることとなった。

後藤はこの大会後、今後は雁之助とともにアメリカ・ECWに乗り込むこと、市原はメキシコに送り込むことを示唆。また佐藤は「後藤? 仕事場が一緒になることもあるかも」と意味深なコメント。

またこの日の試合後、冬木は今後の展開について興味深い言葉を残している。

「はっきり言って新日本・全日本以外は全部一緒。団体の枠は、時間の問題でなくなる時期に来ている。俺たちの年代が中心となって、責任を持って動かないといけない。これから時代が変わる。レスラー生命を懸けて動くということもありうる。近いうちに勝負したい。新日本、全日本の他に新しい勢力ができる」

この言葉に、この一連の顛末の重要なテーマが詰め込まれている。重要なのは「全日本、新日本以外の新しい勢力」という概念だ。

80年代以降、新日本プロレス、全日本プロレスの2団体はそれぞれに浮き沈みはあったものの、地上波レギュラー中継を持つ強みから、日本を代表するプロレス団体であることに変わりはなかった。90年代に入って多団体時代を迎えても、興行規模と安定度では「二強時代」が続いていた。この時期、それ以外で起きた動きの多くは「第三勢力」の座を狙ったものであった。

一時期、社会現象ともいえる人気を博した新生ＵＷＦはわずかな期間で解散し、３団体に分裂。藤原組はそこからさらに分裂を繰り返し、ＵＷＦインターナショナルは新日本プロレスとの〝禁断の対抗戦〟に着手したが、この時期にはそれももう下火になってしまっていた。また、メガネスーパーの資金力を背景に「企業プロレス」として華々しく旗揚げしたＳＷＳも短命で崩壊。一方「インディー」の概念を作り出し、電流爆破などの新機軸で快進撃をみせたＦＭＷは、95年の大仁田厚引退によって規模縮小を余儀なくされていた。誰もが新日本、全日本に続く「第三勢力」になることを夢見ながら、その牙城にはなかなか迫れずにいたのである。

冬木がＷＡＲを離脱して行動に出始めたのは、やはり「第三勢力」を形作るためであった。しかし他のレスラーと違い、彼は「自分で団体を興すことはない」と明言していた。「社長レスラーはダメ。全体をまとめるのは、お金を持った第三者の役目」というポリシーで動いていたのである。しかしこの時点ではまだ、第三勢力形成の青写真は固まっていなかった。

東京プロレスの活動終了2日後早くも発表された新団体設立

前述のＩＷＡジャパン後楽園大会の翌日、10月8日には東京プロレスが大阪府立体育会館大会を開催。ここでは「髙田延彦vsアブドーラ・ザ・ブッチャー」という異色カードが実現して話題となった。また安生洋二が「社長交代マッチ」で石川に勝利。安生が東京プロレスの社長に就任するという出来事もあった。

その3日後、11日にはＷＡＲが同じ会場で興行を開催。こちらのメインは天龍源一郎vsグレート・ムタ。3日前に同所で闘ったＵインター勢も出場し、冬木&安生&バンバン・ビガロ組が髙田&佐野巧真&垣原賢人組を破ってＷＡＲ世界6人タッグ王座を奪取している。中2日での「大阪興行戦争」だったわけだが、９１１０人の会場動員記録を打ち立てたＷＡＲが圧勝という結果に終わった。

それ以外でもインディーの動きは活発化していた。10月13日の新日本・後楽園大会には大日本プロレスのグレート小鹿社長らが現れ、新日本に挑戦表明。こうした流れを受けて、当時の『週刊プロレス』では「インディーズ〝液化現象〟！」という巻頭コラムが掲載されている。インディー全体が激しい動きを見せ始めていた。

ここから10月後半にかけての、インディーとUインター関連の動きをまとめてみよう。どれだけ雑多な流れがうごめいていた時代だったかがわかるはずだ。

10月16日　新しい総合格闘技の大会「U―JAPAN」開催発表。メインはベイダーvsキモ。安生が出場。

17日　新日本プロレスが１・４ドームの対戦カードを発表。ムタ戦を発表された松永光弘が出場拒否宣言。

17日　下北沢でPWCが事実上最終興行。

23日　Uインター静岡大会。安生はタッグで髙田と対戦。

26日　IWAジャパンが山田圭介を社長にし、翌年2月に活動再開することを宣言。

28日　WAR後楽園大会で６人タッグ王座から陥落した冬木が試合後、リング上から頭を下げ、会場を出る際には車から「バイバーイ」とひと言。

この後から、動きは一気に加速していく。10月30日には冬木が邪道、外道とともに「冬木軍」結成会見。12月7日の東京プロレス両国、11日のFMW駒沢に出場することを宣言。「後藤たちとはどっかの団体でたぶん会うと思う。間に誰かが入るということは十分ある」と発言。この冬木の動きに、WAR武井正智社長は「法的措置も辞さない」とコメント。

翌11月1日には、BSA社長で東京プロレスのオーナーである石澤広太郎が佐藤昭雄とともに会見。具体的な発表はなかったが、「インディーが生き残るための最後の砦を作る。年内には形にしたい」「インディーの再編成も含め、機構、協会のようなものを作りたい」と表明。

1週間後の8日には東京プロレスが会見。ここには後藤と冬木が参加し、12・7両国に冬木軍と真FMWが参戦することが発表される。冬木は先に発表された〝機構〟について、「確かに目的や考え方は同じだが、まだ何もないところに、すぐに参加するとは言えない」と慎重な姿勢を見せた。一方、〝機構〟は会見が行われた四谷のBSAビルの一室を仮事務所とすることも発表される。13日には両国の対戦カードが発表され、この会見で安生・石川・後藤・冬木の4人が初めて勢揃い。ちなみに4日後の17日には「U—JAPAN」が開催され、安生がジアン・アルバレスにMMAで敗れている。

ここで、冬木の行動に不快感を示していたWARが反撃に出た。WARを中心に大日本、レッスル夢ファクトリー、冴夢来プロジェクト、武輝道場、ＩＷＡジャパンの6団体で「インディー連合軍」を結成することを発表したのだ。後日、「プロレス連合會」と正式に命名されたこの組織は「リング上はもちろん、フロントワークのあらゆる部分で協力関係を築いていく」と宣言。12・13ＷＡＲ両国大会にはこの6団体を含め、10団体の選手が参戦することも発表された。

10月の大阪に続き、今度は両国を舞台に東京プロレスとＷＡＲの興行戦争第2弾となったわけだが、「安生洋二社長就任パーティー」と銘打たれた東京プロレスの大会と、天龍vs髙田のシングルマッチをメインに据えた両大会では、やはり勝敗は明らかだった。大盛況となったＷＡＲとは対照的に、東京プロレスの大会は悲惨なまでの不入り。この大会に先立って東京プロレス離脱を表明していた石川は冬木軍との6人タッグで負傷したとして途中退場し、メインでマイクを持った安生は「私は本日で東プロの社長を辞めます。石川の尻拭いなんかやってられっか！」と叫ぶなど、観客不在の展開ばかりが目立つ結果となった。

この両国大会で東京プロレスは活動を終了。2日後の9日には、早くも新団体の旗揚げが発表された。それこそが「ファイティング・フォー・フューチャー（ＦＦＦ）」である。

▲冬木の行動に立腹していたWARを中心に対抗勢力6団体が終結。「インディー連合軍」結成が発表され、さらに混乱することに

初給料が遅延して越年する事態に すでに退団を決意した選手も……

銀座で行われた会見には、石澤オーナー、佐藤昭雄、冬木、安生、後藤、折原昌夫が顔を揃えた。所属選手は、折原、ザ・グレート・カブキ、栗栖正伸、板倉広史、高橋秀幸、増田明彦、田村忍。安生、冬木軍、真ＦＭＷ勢に加え、ブッチャーら外国人勢も参戦。旧東京プロレスの選手は、石川、弁慶ら「新・東プロ軍団」を結成した数選手以外は継続して所属となった。団体の上部組織として「日本プロレスリング共同機構」が置かれることも発表された。

旗揚げ戦は１月10日の後楽園ホール。「ＳＣＲＡＭＢＬＥ　―新しい伝説をつくれ！―」と題され、全席自由３３００円というサービス価格が設定された。以後、18日の東京・晴海から31日の博多まで12大会からなる旗揚げシリーズ「ＳＴＲＡＩＧＨＴ」も発表。のちに、旗揚げ戦では冬木軍と真ＦＭＷがリング上で抽選し、当日決定のシングル３対３を行うことも明らかになった。

いよいよ船出したかに見えた〝機構〟だったが、早くも暗雲が立ちこめる。年末に発売された『週刊プロレス』に、「FFFに早くも赤信号点滅」と題する囲み記事が掲載されたのだ。「石澤オーナーの別会社（BSA）が資金繰りに行き詰まり、昨年末の初給料（12・7両国のファイトマネー）が遅延、年を越すことに。すでに退団を決意した選手も」と報じられた。

それを裏付けるかのように、翌97年1月5日のFMW後楽園大会に、雁之助と市原が乱入。カブキはIWA入りを発表し、参加予定だった選手の動きがどんどん明らかになっていく。

ここからの動きは急だった。「1月シリーズキャンセル」のFAXがメディアに届いたのは、旗揚げ戦を2日後に控えた8日。翌9日には石澤オーナーが事務所に選手・フロントを招集し、経緯を説明。遅れていた12・7両国のファイトマネーを小切手で渡したという。この時点で後楽園大会については中止の決定・発表はなされていなかったが、もはや開催できる力がないことは明らかだった。

果たして旗揚げ戦当日の10日、後楽園ホールにはこのような「お詫び」が掲示された。

「FFF旗揚げ第一戦後楽園大会を、諸般の事情で中止のやむなきに至りました。ファン各位には大変ごめいわくをおかけし、深くお詫び申し上げます」

団体スタッフは、知らずに訪れたファンのために17時から19時まで払い戻しに応じた。

前売りは193枚売れていたというが、5時半の時点で40人のファンが来場。スタッフは丁寧にお詫びし、幻に終わった大会のポスターや下敷きをプレゼントした。

冬木はのちに『週刊プロレス』のインタビューで、このように語っている。

「最初の話と違ってきたんだよ、ものすごく。最後のほうは、しょっぱいインディーがひとつできただけになってた。そしたら、旗揚げする前に終わっちゃった。でも、結果的には、俺にとっては終わってくれてよかったけど。連合會？　意図は一緒だよ。あれがもっと早くできてれば、俺はWARをやめてなかったよ」

まさにドタバタの結末。当時、Uインターの代表だった鈴木健は、当時を振り返ってこう語る（ちなみにUインターもこのさなかの96年末に突然、解散宣言を行っている）。

「私の兄貴が行ってた会社がBSAと取り引きがあって、ちゃんとした会社だって言うし、Uインターのスポンサーになってもらえるかなと思ったんだよね。でも、実は火の車だった。Uインターからも500万円ほど貸したことがあったんだけど、返済も1週間ほど遅れて。そういう会社なのかと思ったよね。安ちゃん（安生）の社長就任も、実は本当にBSAの社長にして、負債を押しつけようとしていたみたいでね（笑）。

最初、羽振りがよかったのもハッタリじゃない？　3億円ベルトだって、簡単に貸してくれて、俺、家に持って帰って写真撮ったんだから（笑）。あ、これは本物じゃないんだ

など。

安ちゃんと（ザ・）ゴールデン・カップスがフリーとして出ただけで、私はＦＦＦには興味はなかったからね。インディー統一うんぬんも。Ｕインターは新日本と戦える団体であって、インディーだなんて思ってなかったし。団体をやって、それまでの借金を全部、他の人たちに押しつけちゃうつもりだったんじゃない？　運営する力なんて、最初からなかったと思うよ」

ＦＦＦに参戦予定だった選手たちは、またそれぞれの道に散っていった。インディー、メジャー、総合格闘技が複雑にクロスする時代の中で「インディー統一」の夢はこの時点では実現せず、壮大な幻を残して消えた。そして、それを誰よりも願った冬木は、冬木軍、ＦＭＷを通じてもその夢を追いかけ続けたが、ＦＭＷは崩壊し、冬木自身も道半ばにして病に倒れることとなった。

ＦＦＦ当日中止が報じられた翌週のプロレス雑誌には、「幻のパンフ限定販売」という小さな記事が載っていた。旗揚げ戦の会場で販売するはずだったパンフレットに、両国でも配られた「２００％コイン」、プレスシールの３点セットを限定５００組、２０００円で限定通販するというもの。このセット、一体何組が売れたのだろうか……。

平成マット界 プロレス団体の終焉 第6章

UWFインターナショナル

1996年12月27日 東京・後楽園ホール

キングダム

1998年3月20日 神奈川・横浜文化体育館

新生 UWF の三派分裂後、「最強の格闘技こそプロレス」を標榜し、髙田延彦をエースとして旗揚げした U インター。煽情的な仕掛けでマット界の寵児となるも程なくして失墜。総合格闘技の隆盛を背景にキングダムで再スタートを切りながら、大きな誤算が生じて短命に……。終焉後に、両団体でフロントを務めた人物を勇気づけた〝あの男〟のひと言とは?

スキャンダラスに仕掛け続けて太く短く走り抜けた5年半

ＵＷＦインターナショナル（以下、Ｕインター）は、１９９１年5月10日に旗揚げ大会、96年12月27日に最終興行を、どちらも後楽園ホールで行ったプロレス団体だ。活動期間は約5年半ということになる。これは団体の〝平均寿命〟から考えて、決して長いほうとは言えないだろう。

この期間をリアルに経験した人なら、5年半と聞いて意外に思うかもしれない。「記憶の中のUインターは、もうちょっと長く活動していた印象だった」と。

それは無理もない。Uインターはそれだけリング内外でたくさんの話題を振りまいてきた。時に試合でファンを感動させ、時にスキャンダラスな仕掛けで驚かせた。名勝負の数、事件の数から思えば、その存在感は5年ほどしか活動しなかった団体とは思えない。それだけ速いスピードでプロレス史を駆け抜けた存在と言えるだろう。

Uインターが誕生したきっかけは、91年初頭の新生ＵＷＦ解散だった。前田日明が全選手を集めたミーティングの場で解散を宣言し、その後の進路は各選手の判断に任せた。前田としては選手たちが改めて団結し、より強固な集団となって活動が再開されることを期待したもののようだが、前田に迫るナンバー2の座にあった髙田延彦を筆頭に複数の選手たちは独自の道を行くことを決意。最終的に三派に分かれた中では、彼らUインター勢が最大派閥となった。

91年2月20日の旗揚げ会見に参加したのは、髙田、山崎一夫、安生洋二、中野龍雄（現・巽耀）、宮戸優光という新生UWF旗揚げメンバーたちに、田村潔司、垣原賢人、のちにリングスに移籍した長井満也ら。フロントのトップには髙田のファンクラブ代表を務め、UWF時代から関わっていた鈴木健が就くことになった。

鈴木は当時30代後半。別の事業を切り盛りしながらUWFに関わり、特に髙田に惚れ込んでいた。UWF解散の一報を受けた時にも、まず「髙田が中心になって団体を興せばいい」と思ったという。そこで選手たちが意思確認などで動いている間に、独自に6000万円の資金を用意。以後、団体が始動してからも資金面の采配は鈴木が振るっていった。

鈴木は旗揚げについて、こう語る。

「Uインターができる時は、とにかく私の中ではまず髙田さんありきだった。そして私はフロントの最前線で資金繰りや大会の運営まで行う。そしてそのリングの上に選手たちがいる。そのトライアングルがキチンとできなければプロレス界でやっていくことは難しいと思っていたんだよね。

当時私には文房具の店があって、年商が2億ぐらいあったから、プロレス団体に関わらなくても生きていくことはできたから。24歳の時に勤めていた会社が倒産して、自分で学校教材販売の会社を興した。それがベースになって、私の人生自体はうまく回り始めていった。だから不安が残る状態になってまで、無理にでも団体に関わりたいという気持ちはなかった。そんな中でスタートしたのは、やっぱり髙田延彦という存在があったからだね」

他派に後れを取りながらもマット界に旋風を巻き起こす

5月10日の旗揚げ戦は、前述の三派……他は藤原喜明、船木誠勝らの新UWF藤原組（3月4日、のちに「プロフェッショナル・レスリング藤原組」に改称）には後れを取り、前田日明のリングス（5月11日）には1日先駆けることとなった（リングスは4月11日に後楽園ホールでプレイベントを開催）。UWFルールによるタッグマッチ「ダブルバウト」も導入するなど、新たな方向性も取り入れていった。

団体イメージとしては髙田を象徴として「最強」（プロレスこそ最強でなくてはならない）

のキャッチコピーとともに「強さ」をアピール。91年末には都内で初となるビッグマッチを両国国技館で開催し、ボクシング元世界王者トレバー・バービックとの異種格闘技戦には「格闘技世界一決定戦」と銘打ち、かつての猪木をも想起させる路線を取った。

このようにUインターが打ち出したのは、「かつてのプロレスへの回帰」でもあった。ルー・テーズやビル・ロビンソンを最高顧問として招き、テーズの持っていたベルトを掲げて「プロレスリング世界ヘビー級王座」も制定。北尾光司やスーパー・ベイダー、ジョン・テンタなど、プロレスのリングで活躍したビッグネームも続々参戦。髙田らとの対戦は従来のプロレスの枠を拡大するようなスケールの大きさを感じさせた。

他団体に対して挑発的な仕掛けを連発したことも、団体のイメージに強烈な色をつけた。そもそも北尾やベイダーの参戦により、ファンは自然と彼らが過去に参戦した団体と比較していったし、蝶野正洋への対戦要求や5団体のトップ選手に参戦を呼びかけた「1億円トーナメント」事件など直接的な挑発も次々に行っていった。

これらの挑発の旗頭となったのが、鈴木、宮戸、安生の取締役トリオ。髙田という存在をバックに不敵な行動を繰り返す彼らは、いわばヒール的な存在としてマット界に嵐を巻き起こした。新日本とのいざこざでは長州力&永島勝司コンビ、リングスとの対抗戦を巡る衝突では前田日明が、髙田ではなく彼らを名指しで非難するという対立の図式が成立。

スキャンダラスでダーティーな印象は全て取締役トリオが引き受け、髙田が乗り出すのは実戦のリングのみというやり方は、髙田という存在を守ってイメージを上げるには最適な方法だった。

対抗戦という〝劇薬〟の副作用か 主力選手の離脱の末に……

最終的にこの方法論が見事な形で結実したのが、95年10月に行われた新日本との全面対抗戦だ。前述の蝶野への対戦要求に端を発し、1億円トーナメントでも継続された挑発に長州が激怒。マスコミの目の前で対抗戦の開催が決定するという流れはまさに電撃的で、東京ドームを超満員にするほどに盛り上がりを見せた。

ドームでの髙田vs武藤敬司を筆頭に、トップどころ同士が出し惜しみなく激突する対抗戦は激しく燃え上がったが、加熱速度に比例するように、冷めるのも早かった。マット界では以前から対抗戦の難しさが指摘されるが、新日本vsUインターもその例に漏れなかった。この頃に誕生した安生らのザ・ゴールデン・カップスが、人気を得る一方で対抗戦の緊張感を削いだ一面もあり、対抗戦効果は急激に薄らいでいったのだ。

そもそも対抗戦前の95年7月には髙田が参院選出馬のため長期離脱、同月には山崎一夫、9月には取締役トリオの一翼を担った宮戸が相次いで退団、田村は新日本との対抗戦に背を向けて独自路線を主張するなど、団体内には不安要素も多かった。対抗戦の人気は一時的にこうした不安を吹き飛ばしたが、その効果も長くは続かなかった。

また格闘技界では93年後半にアメリカでアルティメット大会（UFC）が旗揚げ。日本マット界にもヴァーリ・トゥード（VT）の波が押し寄せていたが、94年12月には安生洋二がヒクソン・グレイシーの道場破りを敢行して返り討ちに遭うという事件が発生。以後もUFCで人気を呼んだキモらを招聘するなどVT路線にも乗り出したものの、団体の人気を回復するまでには至らなかった。ただし、これらの試みが決して無駄ではなかったことは、のちの桜庭和志ら各選手のMMAでの活躍からも証明されている。

前述のように、Uインターがその歴史に幕を下ろしたのは、対抗戦でドームを満員にしてから1年強しか経っていない96年12月。旗揚げ戦と同じ後楽園ホールでは、以下のようなカードが行われた。

「UWF ROAD Z」1996年12月27日、後楽園ホール（2200人=超満員札止め）

▼第1試合　10分1本勝負
△松井駿介（時間切れ引き分け）△上山龍紀

▼第2試合　30分1本勝負
○佐野友飛（7分9秒、逆エビ固め）●ジェームズ・ストーン

▼第3試合　30分1本勝負
○安生洋二（7分43秒、スリーパーホールド）●ビリー・ジャック・スコット

▼第4試合　ダブルバウト45分1本勝負
○垣原賢人&山本健一（25分42秒、腕ひしぎ逆十字固め）金原弘光&●桜庭和志

▼第5試合　60分1本勝負
○髙田延彦（13分32秒、腕ひしぎ逆十字固め）●髙山善廣

タイトルにつけられた「Z」は言うまでもなくアルファベットの最後。最終章の意味だ。

第６章　UWFインターナショナル キングダム

▲対抗戦路線の末期は、打つ手がことごとく失敗に……。1997年12月27日、後楽園大会でUインターは解散するも新たな構想が

大会前の記者会見では鈴木が解散を宣言し、全試合終了後には全選手がリングに集結して挨拶を行った。髙田は「これからは、UWFの〝U〟というのは文字ではありません。言葉でもありません。選手や皆さんの心の中に永遠に生き続けます」とメッセージを送った。

Uインターに打たれたピリオドと新団体「キングダム」の船出

鈴木に「終わりを考えたのはいつ頃からだったのか」と聞くと、こんな答えが返ってきた。

「畳むのを考え始めたのは、最終興行の半年前ぐらいかな。確かに新日本との対抗戦ではチケットの売れ行きもドカーン！　といったんだけど、交渉の過程でいろいろ騙されたりもあったし、約束したことが果たされなかったりして、売れ行きも落ちたし、とにかくプロレス界がこんなに多くの嘘で塗り固められていたことに嫌気が差したんだよね。もう、Uインターはここでひと区切りでいいんじゃないかと思った。髙田さんにも裏で本当に多くの迷惑をかけちゃっていたしね。これで幕引きしようと。

もうUインターではやり尽くしたというのもあったしね。特に9月の神宮球場ではメインで髙田vs天龍源一郎をやって、全日本から川田利明が出て、超満員になったじゃない。あの神宮球場で超満員の客席を見渡して『あ、これは素晴らしい。これがピークだ！ そして私にはもうこれ以上は無理だな』と思ったのも大きかったね。みんな喜んでるし、これがピークで十分じゃないかと。

TV局がついていたわけじゃないから、やめても迷惑がかかるところも少なかったからね。当時はビデオ販売だけだったから。選手たちだって一生面倒を見られるわけじゃないから、いつかは自分たちの道を歩いて行ってもらわないといけないしね」

鈴木は最終興行前の会見で、「ン千万の負債がある」と明かしている。それを返済していくことも明言していた。

「髙田さんにもその時点で未払いのギャラが数千万円あったはずだよ。額面の何分の一かしか渡せていなかったしね。最後には『悪いけど大阪でブッチャーとやってくれないか』（96年10月、東京プロレス）なんて言って、イメージを悪くしちゃったかもしれない。でも髙田さんは何も言わずに引き受けてくれて、数百万円のギャラを『俺はいらないから運営に使ってくれ』って言って全額会社に入れてくれてね。カッコよかったよ。すごくストレスもあったと思うけどね。

もちろん解散は髙田さんにまず相談したよ。『OK、そうしようか。そのほうがいいんじゃない』って。最後の後楽園？　みんなちょっと笑顔だったのを覚えてるよ（笑）。選手たちはまだみんな若くて、未来を抱えてたから、そこでひと区切りという最終大会だったよね。未来を抱えた終わりという意味の幕引きだった。スタートのための終わりというかね」

事前に選手たちを集めて解散の説明を行った時点で、新組織にしてやり直すという構想は説明していたのだという。その時点では確定ではなかったが、選手はついていくという意思を表明していた。それが、Uインターの解散を暗いものにしなかった最大の理由だろう。

団体リセットの大きな目的のひとつに、団体としてのスタイルをリセットしたいという思いがあった。

「私は正直に言って、プロレスはあんまり好きじゃなくてね。やっぱり格闘技が好きなんだよ。Uインターの終盤は他団体との交流もあってプロレス色が強くなってたけど、道場ではみんな一生懸命練習してて、腕を磨いてた。当時シューティングジム大宮からエンセン井上なんかも練習に来ていて、業界内では選手たちの強さは評判だったでしょう？　それをもっとアピールさせてやりたいという思いもあったんだよね。

一方で、神宮球場で協力してもらったジャイアント馬場さんとは『次はドームで髙田＆

▲新ルールの採用で躍動したのが桜庭和志。UFC JAPANでも勝利を収め、のちのPRIDEでの活躍の足がかりを掴んでいった

安生vs川田&田上をやろう』なんて話もしてたんだけど、いろいろ迷っててね。全日本とやるとビジネス的には儲かるけど、路線としてはどうかなあと。やっぱりやるなら格闘技路線がいいなあと考えてた。そしたら安生が『俺も同じ考えですよ。格闘技路線でいきませんか』と言ってくれて」

安生の賛同で腹を固めた鈴木は、新団体「キングダム」でオープンフィンガーグローブ（OFG）を着用しての新ルールを採用。「OFGでルールさえキチッと決めてやれば、Uインターのその先を見せられるんじゃないか」との思いがあったと言う。

再出発に暗い影を落とした最大の誤算とは何だったのか

キングダムはUインター解散から半年を待たず、97年5月4日に国立代々木競技場第二体育館で旗揚げ。新ルールのもとで6試合が行われたが、去就が注目された髙田は若手の上山龍紀とのエキシビションマッチを披露するにとどまった。

「キングダムでも、髙田さんにはトップでやってもらう予定だったんだよ。もちろん髙田さんもOKしてくれていた。でもそこで、Uインターの頃から興行に協力してくれていた東海テレビ事業部を中心とした新組織からヒクソン戦の話が持ち上がっていた。髙田さんは『やってみたい。自分が今までやってきたことがどの程度なのか試したい』って言ってね。それは止められないじゃない。でもその契約に、『ヒクソン戦までは他のリングに上がってはいけない』という条項があったのは誤算だった。しかも、ヒクソン戦が行われた『PRIDE・1』というイベント名が、『2』『3』と続くものとは夢にも思わなかったよね（笑）。これじゃキリがないよって。髙田さんも最初は『続くとは聞いてなかった』って言ってたし、旗揚げの頃には『キングダムに骨を埋める』って言ってくれてたんだけど」

鈴木もあちこちから資金をかき集めて新たに船出した新団体キングダムは、髙田の参戦なしという大誤算によって、早くも暗礁に乗り上げる。地方興行を中心に大会数を増やしたことも、結果として選手の負担を増大させることとなった。鈴木は98年2月に会見を開いて、全選手の契約解除と道場の閉鎖を発表。すでに決定していた3月20日の横浜文化体育館大会がラスト興行となった。

「資金は私が集めるよってことで始めたキングダムだったけど、時代が早かったのかな。ファンがなかなかついてこなかった。結局、私の親戚中に金を借りて何とかつないでたんだけど、それも底を尽きてね。『もう無理だ』となった。地方営業を若手に任せてたら、金を騙し取られたなんてことも何度もあったからね。髙山選手は『もっとやってください』って言ってたけど、私にはもう無理だったよ」

あの男のひと言をきっかけにやり遂げた立派な後始末

髙田がトップにいて、他の選手たちがいて、フロントでは私が資金繰りや試合までの全てを仕切る。この三角形ができなければやっていけない……Uインター旗揚げの際に、鈴木はこう思っていた。だがキングダムでは、髙田は戻ってこない、資金集めにも限界が来て、三角形が成り立たなくなった。鈴木は「私の格闘技人生はここで終わりだな」と思ったという。

横浜文体でのキングダム最終興行は、来日を予定していた外国人選手がブッカーに騙されて何人もキャンセルとなるトラブルが発生。安生をメインに何とか3試合を行ったものの、観衆も数百人と寂しいものだった。Uインターの最後とは対照的に「本当の終わり」がやってきたのだ。

キングダムを解散した時点で、Uインターの未払い金と合わせた負債は2億円に膨らんでいた。Uインター解散の会見では「責任を持って返す」と明言していた鈴木も、この額を前にして自己破産が頭をよぎったという。それを覆させたのは、やっぱり髙田だった。「髙田さんに自己破産のことを話したら、『いや、返そうよ』と。それで髙田さんと1億円ずつ分けて、それぞれで頑張って返そうと決めてね。髙田さんも、奥さんの向井亜紀さんにがんが見つかったり代理出産に挑戦したりでお金がかかっていろいろ大変な中、PRIDEのファイトマネーや何かで、8年ぐらいで返したんだよ。すごいよね。

私は心機一転、焼き鳥屋で頑張ろうと決めて。Uインターの頃から何かとお世話になっていた町田の清水社長のおかげもあって、用賀に焼き鳥屋をオープンしてね。年中無休で頑張れば、単純計算で10年あれば返せると思った。店名はあのトーナメントと1億円の借金を返すという意味で『いちおくえん』にしようと。ただそのままじゃあんまりおいしそうじゃないから漢字を変えて、市場の『市』に、屋根が高かったから『屋』、叙々苑が儲かってるからその『苑』を持ってきて。

ありがたいことに、私も頑張って10年で返すことができたんだよね。まあ最後の頃は『残り200万なんだけど、明日70万キャッシュで振り込むから、残りはカットしてくれませんか』なんていう技を見つけてね（笑）。それまでキチンと返してたから了承してくれるところがいくつもあって、それで1000万円ぐらいは圧縮できたかな。

お世話になった清水社長には毎月10万円ずつ、今も振り込んでるよ。これは今まで25年間1回もジャンプしてないし、これからも死ぬまで払い続ける。返済自体の総額は終わってるんだけど、あとは恩返しだよね。Uインターにもキングダムにもお金を貸してくれたし、焼き鳥屋も清水社長のおかげで出せたんだから。そのために土地も家も全部売って借家に住んでたから、私が払い続けると確約して、今は新築の家を建てることができて、そこに住んでるけど」

Uインターの社長時代、特に1億円トーナメントの印象から、鈴木には金のイメージがつきまとう。そうでなくても団体の終焉には金の問題が絡むことがほとんどだが、トラブルになったり、結局支払われないまま逃げていく人物も多い中、鈴木は会見でも返済を明言し、実際に完済している。もちろん負債がないに越したことはないが、これはこれで、立派な後始末だ。

「私は逃げも隠れもしないよ。やれることはいっぱいあるからね。Uインターやキングダムではつらいことも多かったし、体調もボロボロだったけど、学んだこともたくさんある。苦労はたくさんしたけど、お客さんが喜んでくれるのは快感だったよ。今も一緒。血圧も高いし、体調がよくない日もあるけど、お客さんがお店に来て飲み食いして、喜んでくれるのは本当にうれしいからね。

髙田さんとも、今もいい人間関係を築けてるからさ。『髙田延彦を応援しよう』と思ってこの業界に入って、今も応援できてる。

私は最後に死ぬ時に、『あ、あれをやり残した』ってことが何もないんだよ。もう何年も前から、銀行からも個人からも借り入れはゼロだしね。やりたいことはほぼやり尽くした。母子家庭で育って、本当の親父の顔は見たことない。オフクロも59歳で亡くなった。そんな中でよく頑張ってきたと思うよ。成功の部類と言っていいよね。楽しかったし、最高の人生だった」

平成マット界

プロレス団体の終焉 第7章

レッスル夢ファクトリー

2001年9月8日 東京・板橋産文ホール

1995年、SPWFを退団したレスラーを中心に旗揚げ。「弱小中の弱小」と自嘲しながらも、多くのファンから「夢ファク」の呼称で愛され、メジャー団体のリングへも数多くの選手を送り込んだ。本格的な多団体時代に向かおうとする流れの中、ある意味でその時代を象徴するインディーらしいインディーだった。その終焉を3人の関係者の証言から振り返る。

谷津嘉章が率いていたSPWFの後継として誕生

レッスル夢ファクトリー。この風変わりな名称のプロレス団体は、1995年3月31日、埼玉・熊谷市民体育館で旗揚げした。創立者で代表となった高田龍によれば、当時「30番目の団体」と言われていたという。初期の所属選手の多くは、谷津嘉章が「社会人プロレス」をうたって設立した団体SPWFに所属していた。

設立の経緯について、高田はこう話す。

「私はもともと谷津のSPWFを手伝ってたんですよ。彼が『新しいシステムのプロレス団体を考案したから、手伝ってくれ』って言われてね。それがSPWFでした。一応、公には私は事務局長ってことになってますが、他のスタッフなんかほとんどいなくてね。雑用まで含めてほとんどの業務をひとりでやってました。

この時に、それまでの勤め先をやめてSPWFに専念してたんですよ。そうしないと手が回らなかったから。給料なんてもらってませんでしたけどね。若かったから(笑)。谷津は遠慮して言えないと思って、勝手にやめたんですよ。そしたら怒られてね。『何で勝手にやめたりするんだ』って。それからしぶしぶ給料をくれるようになりました。

でもしばらくして、『これ以上この人のペースに付き合っていたら、例えば親から『こういうことはするな』と言われたようなことも踏みにじることになってしまう……と思って、SPWFをやめたんです。もうプロレスはいいかなと思ってたんだけど、やっぱりSPWFをやめた茂木正淑とか何人かの選手たちが、『相談がある』と。プロレスを続けたいけどSPWFではどうにもならないし、高田さん、何とかなりませんかということなんですよ。彼らとは親しくしていたので、どうにかしてあげたいということで作ったのが『レッスル夢ファクトリー』（以下「夢ファク」と表記）でした」

団体名は、今となってはどうして思いついたのかサッパリわからないというが、「夢」は高田の人生のキーワードとも言える言葉で、団体ロゴマークの「夢」の文字も自筆でしたためた。ちなみにSPWFのロゴには「人」という文字が入っているが、これも高田の筆によるものだ。

その人物の存在があったからこそ影で支えた男が見たインディーの実情

　こうして発足した新団体を、スタート時から手伝っていたのが末永雄祐。選手間では「との」のほうが通りがいいということで、本章では「との」と表記する。「との」が夢ファクに関わったのは、奥さんの関係で茂木と知り合ったのがきっかけだった。リングには上がらずとも筋トレだけはしていたような長年のプロレスファンだった「との」は茂木と親しくなって、彼が移籍して参加するという新団体にも関わるようになった。そこで紹介されたのが高田だ。

「正式スタッフではなかったですね。でも何でもやってました。夢ファクは弱小中の弱小で、リング設営から片付けから売店から、何もかも選手たち自身がやってたような団体でね。僕が観ていた新日本や全日本とは大違いでした。でも、熊谷にはちゃんと道場があって、そこにはリングもあって筋トレの器具も揃っていて、練習の後にはみんなでちゃんこを作って食べている。そこは大きな団体と一緒でね、高田代表のプライドだったんです。

　当時のインディー団体は道場もないようなところが増えていたから、そこで一線を画していてね。無名だけどそうやって頑張っている選手たちの姿に胸を打たれて、これは手伝わないとと思って、ボランティアでいろいろやってました。いつも道場にいたし、ちゃんこも一緒に食べてね（笑）」

弱小と言えども、団体運営にはいろいろとお金がかかる。まして道場やリングを持って選手を抱えるとなると、固定費も馬鹿にならない。その資金源の大部分は、ある企業からのスポンサードだった。熊谷での旗揚げ戦にはメキシコから選手を招聘し、照明などの舞台装置も導入。派手に演出した。

しかし全国的な知名度のある選手は少なく、スタッフもほとんどいない。さまざまな面で苦戦したのも事実で、「との」はこんなエピソードも明かす。

「ある時、東北巡業が決まってたんですよ。秋田、岩手……山形もあったのかな？　日時を決めて会場は押さえてあるんだけど、『どうやって行くの？』と。たまたま私が大型免許を持ってて、知り合いのツテでマイクロバスも借りられたから、仕事を休んで運転していきました。あの時は仲野信市さんも乗ってて、怖ろしかったのを覚えてますよ（笑）。やっぱり新日本や全日本にいて、そういう空気を持ってる方でしたから。ただ、直接お話しすると私にはすごく優しくしてくれましたけど」

弱小団体に誇りを植え付けたベテランレスラーの流儀

夢ファクは自虐的に「弱小中の弱小」などと名乗ってはいたが、選手たちは道場や会場で、新日本、全日本で活躍した仲野信市のコーチを受け、プロレスラーとしての誇りを忘れなかった。当時、九州から興行のたびに上京して参戦していた婆娑羅（現在は別のキャラクターで現役を継続中）はこう振り返る。

「仲野流っていうんですか、あのトレーニングはキツかったですね。僕は普段道場にはいなかったから、大会前に会場でやるトレーニングだけ参加してたんですけど、ついていくのに必死でした。試合前にメチャクチャ息を上げるんですよ。普段、九州でやっていた練習は、夢ファクの試合前トレーニングについていくためにやってたようなもんでしたね（笑）。また新日本なんかと絡む時は、余計に気合いが入ってましたから」

婆娑羅の言葉にある通り、夢ファクからは茂木が当時ジュニアのトップに君臨していた獣神サンダー・ライガーと対戦したり、怨霊が「ＳＵＰＥＲ Ｊ―ＣＵＰ」で活躍したり、『神風』は全日本に上がったりと、メジャーの舞台でも存在感を示した。またＷＡＲとも対抗戦を行い、敗れても必死な姿勢が評価を得た。選手たちが発する「他のインディーとは違うんだ！」という気概が、ファンにも伝わったのである。

「仲野は『高田さんはプロレスは教えられないから、それは俺がやるよ』と言ってくれました。細かいテクニックがどうこうというより、プロレスラーとしての気持ちを若い選手たちに教えてくれたのが大きかったよね。

だからあの当時としては、真剣にメジャーにぶつかっていった数少ないインディーになれたんじゃないかな？　道場でしっかりトレーニングしていたから体も違ったし、『相手がメジャーだからってビビることはない』って気持ちで渡り合ってたからね。

私は常に、今、観てくれているファンの向こうに新日本、全日本が待ってるという気概でやってましたよ。よく『新日本・全日本・夢ファクトリー』なんて言っててね。選手たちは笑ってたけど、仲野だけは真面目な顔で聞いてたね」（高田）

リング上では気概を見せながらも突如団体を襲った苦難とは

だが、いい時期はあまり長くは続かなかった。スポンサードが大幅に縮小されることに

▲ライガーが保持していたジュニア8冠王座に挑戦した
茂木正淑。敗れはしたものの、果敢な闘いを見せた

なり、資金面で苦境に陥った。
「厳しかったですね。ある時試合会場に行ったら、選手のひとりが『との、すみません。今日は弁当が出ないんで、自分で何か買って食べてもらえますか？』って言うんです。スタッフや選手に出てた弁当も買えなくなって、聞けばもうちゃんこ銭もないという状態で。ウチの嫁と僕の先輩の奥さんが協力してくれて、モツ煮と豚汁を大きな鍋でたくさん作ってね。おにぎりも大量に握って、会場に持ち込んだんですよ。腹一杯食ってくれって。
　またある時は高田さんから『子どもが腹を空かせてる』って言われてね、これも先輩や後輩と缶詰を大量に買い込んで、家にあったお米と合わせて大量に差し入れたこともありました。灯油がなくてストーブが使えなくて、子どもたちが寒さに震えて毛布にくるまってしのいでるって聞いて、灯油をポリ容器4つ分買って持っていったことも。高田さんが普段から優しくて、みんなを華々しくデビューさせてくれたというのがあるから、ピンチの時は助けたい一心でした。僕たちも単なるサラリーマンで、家族を抱えて生活してる中でしたけどね。高田さんも愛用の高級車は手放して、世話になってた社長さんが車を貸してくれて」（との）
「いやあ、大変だったよ。電話も止まるような生活だったからね。まだ小さいせがれが家に置いてた黄な粉を見つけて、砂糖を入れて食べたらおいしいって発見したって言うんだ

よ。申し訳なくてね、耐えられなかった」（高田）
そんな状況では、選手たちにも満足に支払えるわけもない。支払が滞ることもあり、「との」はたびたび困った選手たちの相談を受けたという。
「これは高田さんも知らないと思うんだけど、埼玉のファミレスで選手たちが集まって、お金の話をしたこともありました。選手たちは高田さんに直接は言えなかったので、僕が間に入ってた感じですね。『どう、生活できてる?』って確認したり、どうすれば集客できるんだろうって話をしたりね。一方で高田さんの言い分も聞いて。高田さんは話せば通じる人で、僕は何でも話せたんだけど、選手という立場だとまた違ったみたいで。通称『とのミーティング』は何回かありましたよ」
旗揚げから4年目の98年後半には「いつ団体を畳もうかなんて考えもできなかった。目の前のことに必死になるしかなくて」という厳しい状況に陥っていた夢ファクだが、いよいよ決断を迫られる時が来た。主要選手は何人も退団。もはや興行を打つのも難しく、道場も手放さなければならなくなり、12月に道場マッチ3試合を「道場より永遠に」というタイトルでシリーズとして開催。最終戦の12月20日には、解散が宣言されると踏んだか、通常よりも多い観客が詰めかけ、いつもは会場に来ない記者もやってきた。

苦境のなかで芽生えていたインディーの枠をはみ出す新しい希望

この日の試合結果は以下の通りだ。

▼第１試合　15分１本勝負
○篠眞一（６分16秒、エビ固め）●川内大裕

▼第２試合　30分１本勝負
○コスモ☆ソルジャー（12分17秒、片エビ固め）●佐藤竜騎士

▼第３試合　30分１本勝負
○加藤茂郎（12分25秒、首固め）●斎藤誠

▼第４試合　30分１本勝負
○婆娑羅（10分25秒、反則）●死神

▼第5試合　タッグマッチ　30分1本勝負

アステカ&○竹村豪氏（24分19秒、アームロック）倉島信行&●藤崎忠優

▼第6試合　45分1本勝負

○奥村茂雄（15分20秒、ドラゴンスープレックスホールド）●三浦博文

▼第7試合　60分1本勝負

○福田雅一（14分35秒、ジャーマンスープレックスホールド）●怨霊

　この日のことを、第4試合に出ている婆娑羅は「あまり覚えていない」と話す。

「この頃は、呼ぶのにお金がかかる僕はあまり声がかからなくなっていて、それで察するという感じでした。この日は死神に反則負けですか。ああ、最後かもしれないという感じだったのは、うっすら記憶にありますね。それよりも印象に残っているのはこの2週間前、6日に出た時の倉島信行戦なんです。無我出身で強い倉島選手との試合に手応えを感じていて」

そして、この日のメインは福田雅一vs怨霊。体格に恵まれアマレスで実績もある福田は当時、インディーの枠にとどまらない期待の選手として注目を集めていた。その福田と、生え抜きメンバーでもある怨霊との一騎打ち。このシリーズ３戦で、福田はいずれもシングルでメインを張っていたが、最終戦のこのカードは特に団体の意図を感じさせるものだった。

苦渋の末に秘蔵っ子を送り出し再出発もはかるも……

だが、高田がここで下した結論は「続行」。「必ず体制を整えて夢ファクをまた復活させるから、もうちょっとわがままに付き合ってほしい」と宣言した。

「やめるべきだとは思ってましたよ。家族や子どものことも考えてね。でも、今思えばやめる勇気がなかったんだろうな。これで一番ガッカリしたのが福田でね。彼は体格にも恵まれてアマレスの技術もあったから、メジャーで力を試したい気持ちは十分にあった。でも高田には義理があるから、それを破るような真似はできない。ただ、団体が閉じるなら自由の身になるから、どこにでも行ける……そういう考えがあったと思うんです。

▲新日本に移籍した福田雅一は、永田裕志らとユニットを組むなど、活躍し始めたその矢先、試合中の事故で帰らぬ人となった

だから私はその場で福田をクビにしました。そしてすぐに彼を連れて、新日本に話しに行ったんです。永島勝司さんに『福田をお願いします』と。他にもいろんな団体に行って、主要選手たちの参戦先を探しました」（高田）

実はこの模様は、テレビカメラに収められている。当時の人気深夜番組『トゥナイト2』（テレビ朝日）で「借金3千万円　男・涙の再出発」と題されて、道場を畳む様子、他団体との交渉などに密着しているのだ。福田が『出ていくのは悩みました。不義理になっちゃうのかなと思って……』と話したり、ＦＭＷ・荒井昌一社長が選手派遣の話に応じる様子も映されている。

「あれに映っている道場の撤収にも、選手はあまり来なくてね。何人かだけでした。あの時もみんなは金がなくてメシが食えなくて、たまたま連絡をくれたいとこにその話をしたら、吉野家の牛丼をたくさん差し入れてくれて、ありがたく食べましたよ」（との）

7分あまりのコーナーは、道場撤収後も夢ファクに残ることを決めた選手たちや、当時の夢ファクを何かと支えてくれた青柳政司らとともにちゃんこを囲み、乾杯するシーンで締めくくられている。「再びリングを持つ日を夢見て」というナレーションとともに。

だが、その夢は現実とはならなかった。約束通りに翌99年5月8日、所沢サンアビリティーズで昼夜興行を開催したが、結果的にこれが、高田が関わる最後の夢ファク興行となった。

「この日はココリコの番組のロケも入ってましてね。途中、ココリコの田中さんがマスクを被って乱入して、奥村茂雄にシバかれるなんて場面もありました。大会後にはみんなでファミレスに寄って打ち上げして、会計が8万円ぐらいになってね（笑）。でも、まさかこれが最後になるとは思わなかったですよ」（との）

夢ファクであって夢ファクでない ついにその活動に終止符が

だが実は、夢ファクの歴史はここで終わりではない。ここで終わったのはあくまで「高田龍の夢ファク」で、団体の名前自体は残ったのである。高田は言う。

「俺は地に潜って復活への準備をしてたんだけど、そんな中で新日本に移籍した福田が試合後に意識不明になって、そのまま亡くなってね。彼の葬式は悲しかったんだけど、その時に夢ファクの選手たちの様子がおかしくて。誰も挨拶に来ないわけ。後でわかったんだけど、勝手に代表を名乗って夢ファクの名前で大会をやってた選手がいて、この葬儀を報じた『週プロ』の記事でも俺は『元代表』なんて書かれてた。しかも選手の間では、俺についてよくない噂が駆け巡っていてね。頭にきましたよ」

　その頃もまだ夢ファクを手伝っていた「との」は、当時の状況をこう話す。

「あれはあの選手が勝手に代表を名乗っていただけでね。僕も彼については、『何でお前が代表なんだよ』とは思ってましたよ。高田さんは彼が福田の死を商売に利用しているのが我慢ならないと言っていて、一度、みんなで話し合ったほうがいいということで、集まったこともありました。当時代表は違う街でお店をやっていたから、送り迎えもしてね。代表を名乗っていた選手は丸坊主にして謝罪して、高田さんからは『勝手に夢ファクの名前を使うな』とキツい言葉がありました。選手たちは夢ファクを残したい気持ちがあったし、代表は『俺の夢ファクなんだから、お前が横取りするな、語るな』という思いだったし」

　結局、新代表となっていた選手は２００１年11月に「夢ファクを退団」と報じられ、これを最後に「レッスル夢ファクトリー」の情報は途絶えることとなった。残った選手たちは02年に新団体「プロレスリング・ナイトメア」を旗揚げした。

　婆娑羅はこの頃には参戦していなかったが、「高田さんが引いた時点が、夢ファクの終わりですよ」と言う。

「高田さんは自分をプロレスに入れてくれた人で、恩人です。いろんな面で反面教師でもありますけどね。今でも電話で話しますけど、たまに『このオッサン、何やってるんだろ』

と思いますから（笑）。70歳になってもまだ夢を追ってるのはすごいと思いますね」

高田が引いた後の夢ファクにも関わっていた「との」も、婆娑羅の言葉に同意する。

「そりゃあそうでしょうね。夢ファクといえば高田龍ですから」

その高田は、これまで長い間、夢ファクの名前を使って何かをすることを避けてきた。同窓会的なイベントを打診されることもあったが、断ってきたのだという。最終的に選手たちにつらい思いをさせたこと、また自分が噂によってつらい思いをしたこと、自らが引いた後の夢ファクの状況などが、高田の中で夢ファクを「触れづらいもの」にさせていたのだ。

だが近年になって、ブログで当時を回顧したり、夢ファクを語るトークイベントに出演したりもしている。今回の取材の際にも「こうして今も関心を持ってもらえるなら、何人か集めて話をしたりするのも楽しんでもらえるのかな」と話していた。

「弱小中の弱小」としてスタートしながら、選手たちの活躍によって確実に平成のプロレス史にその名を刻んだレッスル夢ファクトリー。ある意味でこの時期のインディー団体を象徴するような存在であった。

平成マット界 プロレス団体の終焉

第8章

FMW

2002年2月4日　東京・後楽園ホール

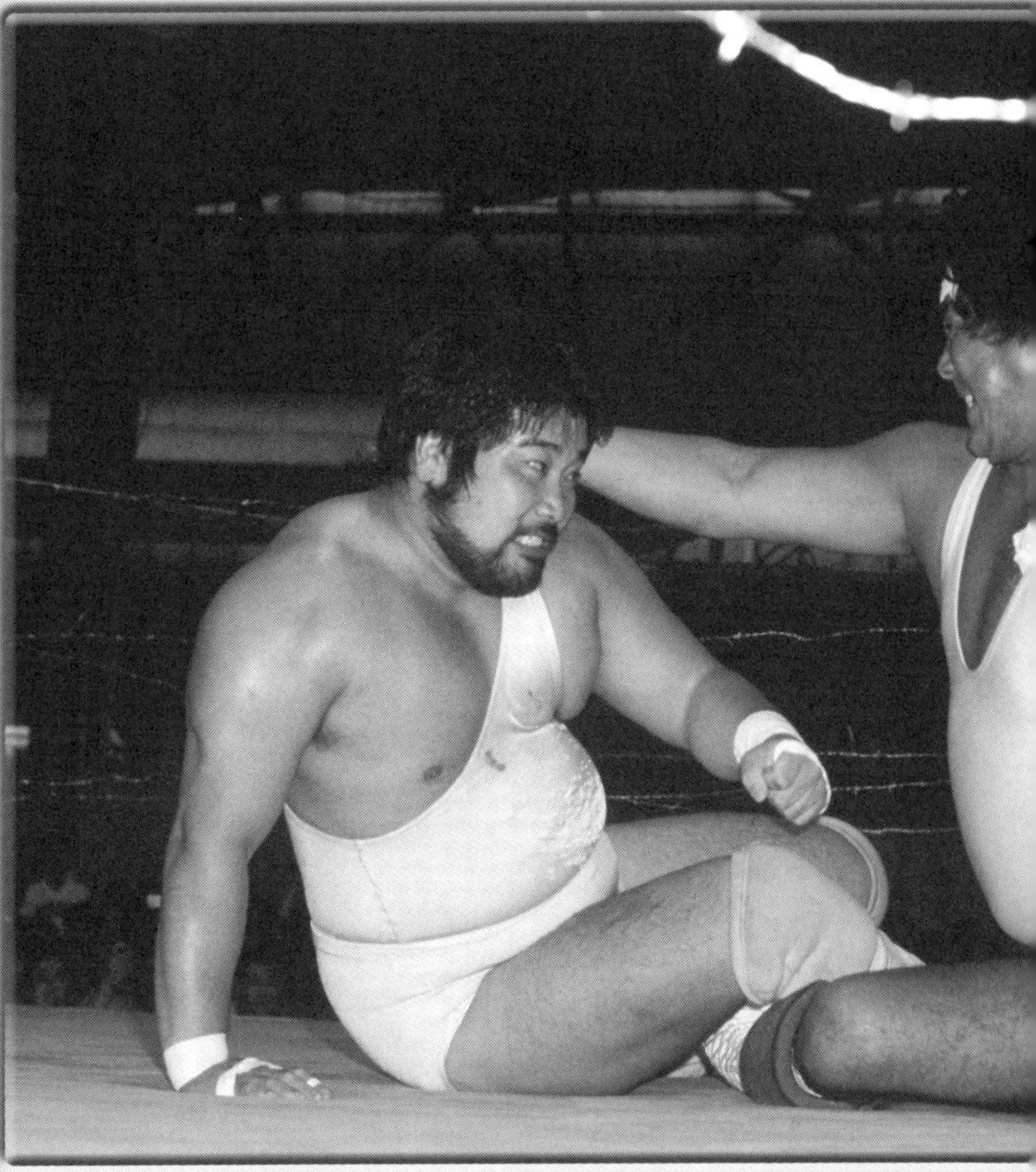

1989年、大仁田厚というカリスマによって産み落とされたインディーの象徴とも言えるのがFMW。資金5万円からスタートしながら、デスマッチなどのアイデアを武器に、一時は6万人もの大観衆を集めるほど隆盛を誇った。大仁田が退いた後は、紆余曲折を経て消滅してしまったが、FMWの存在なくしてのちの多団体時代は訪れなかったと言っても過言ではない。

大仁田厚という稀代のカリスマと有刺鉄線電流爆破マッチで一世を風靡

大仁田厚が「資金5万円」で設立し、89年10月に旗揚げしたFMWは、同年12月に行った有刺鉄線デスマッチ、それを発展させて翌年8月に初めて敢行した電流爆破デスマッチが話題となってブレイク。スタジアムで数万人の観客を動員する興行を打てるまでに成長し、川崎球場に6万人近い大観衆を動員した95年5月5日、大仁田の（二度目の）引退興行で最初のピークを迎えた。

同月には、そこで大仁田の引退試合の相手を務めたハヤブサをエースとして「新生FMW」がスタート。一時は観客数が激減したものの、ハヤブサを筆頭に田中将斗、黒田哲広、W★ING金村、ザ・グラジエーターといった若い選手たちの奮闘や工藤めぐみら女子選手の台頭によって徐々に認知度を高め、また当初は封印していたデスマッチの解禁などによって川崎球場での興行を再開できるまでに勢いを取り戻していった。

なお会社組織としては、大仁田が旗揚げ時に設立したのが「フロンティア・マーシャルアーツ・プロレスリング株式会社」で、その後いくつかの子会社を作って分社化。本社を

「エフ・エム・ダブリュー株式会社」に改称している。大仁田は引退時に一代限りで団体をなくすつもりだったというが、リングアナ・広報などを務めていた荒井昌一が代表になって継続。95年8月に再び「フロンティア・マーシャルアーツ・レスリング株式会社」の名称を復活させている。

軌道に乗ったかに見えた新生ＦＭＷだったが、思わぬ出来事によって当事者たちの想定していなかった方向への進路変更を余儀なくされた。

大仁田の復帰である。

最初は96年12月11日の駒沢オリンピック公園体育館大会で、ミスター・ポーゴの引退試合のパートナーとして「一夜限り」の条件付きでリングに復帰した大仁田だったが、これに先立ってポーゴの引退が持ち上がり、大仁田が復帰を匂わせ始めた10月頃からファンの間では拒絶反応が起きていた。無理もない。1年間じっくりかけて引退ツアーを行い、あれだけド派手な引退興行も行っておいて、その翌年に復帰ではあんまりである。

しかも「一夜限り」の復帰だったはずの大仁田はその後もリングに上がり続け、なし崩しにＦＭＷの闘いの中心に居座ってしまった。さらにマッチメイクや会社内部への口出しも増え、せっかく軌道に乗ってきていた団体が混乱し始める。98年11月になると、大仁田が新たに立ち上げた新団体「ＵＳＯ」でＦＭＷの選手たちを勝手に使おうとした問題が最終的な引き金となり、荒井社長は選手たちと話し合ったうえで大仁田との決別を決意。同月下旬にこれが直接伝えられ、大仁田は再びＦＭＷの歴史から退場した。

この半年前にはもうひとつ、団体の方向性を大きく変化させる出来事が起きている。98年3月からのディレクＴＶとの契約だ。スカイパーフェクＴＶ（現在のスカパー！）に続く衛星放送ネットワークの立ち上げにあたって、新コンテンツを模索していたディレクＴＶがＦＭＷに着目。共同で新たなエンターテインメントを創り出すという目的で、4月から放送が開始された。

ここから始まったのが、いわゆる「エンタメ路線」である。レスラー以外にも多くの人物が登場してストーリー性の高いプロレスを展開する……狙いとしては、簡単に言えば「日本版ＷＷＥ」。これにも一部ファンからの拒絶反応はあったが、日本での事業スタートというタイミングもあってディレクＴＶサイドの資金も豊富だったことから、ＦＭＷは社運を賭けてこの路線に乗り出していった。

エンタメ路線に活路を求めるも二度の不渡りを出してついに倒産

大仁田追放とエンタメ路線開始という流れの中で、新たに団体の中心となっていったのが、97年に参戦し始めた冬木弘道だった。リング上でもヒール軍のボスやコミッショナーという役割で中心的存在となっていたが、ＦＭＷ旗揚げ10周年にあたる99年中盤からはマッチメイカーにも就任。本格的に、リング上は全て冬木が取り仕切るようになった。

全てをかけて乗り出したエンタメ路線だったが、間もなく内外のさまざまな事情に翻弄されることとなる。予想された以上に経費がかかることがわかったうえ、それまでに滞納していた税金がのしかかったのだ。その中で10周年の目玉として、多大な予算をつぎ込んで臨んだ99年11月21日の横浜アリーナ大会が赤字に終わり、会社は窮地に立たされていく。

そこに追い打ちをかけたのが、ディレクＴＶの撤退だった。鳴り物入りで日本進出を果たした同社だったが、事業展開の不振により、早々に事業中止とスカパー！への事業譲渡が決定。ＦＭＷはこの余波で、予定されていた多額の放送料の大部分が支払われないこととなり、大打撃を被った。

▲大仁田引退後、衛星放送を背景にしてWWE的なエンタメ路線にシフトチェンジ。牽引したのは冬木弘道だった

翌２０００年にはハヤブサの両ヒジの負傷による長期欠場で観客動員も激減。ＥＣＷで活躍していた田中将斗を帰国させたり、天龍源一郎がマスクをかぶった「大ハヤブサ」を登場させるなどして急場をしのいだものの、低予算の中でのエンタメ路線には無理が生じる部分も多く、団体の状況を好転させるまでの話題を創り出すことはできなかった。

現場を取り仕切る冬木と、苦しい中で会社を存続させるべく奔走する荒井社長との間に亀裂も生じ、01年2月には田中、邪道、外道、保坂秀樹、中山香里の5人が団体を離脱。さらに8月には冬木が全日本参戦のために突如離脱を宣言。いくつもの歯車が狂ったまま何とか走り続けようとしていたＦＭＷだったが、01年10月22日、ハヤブサの事故という決定的な不運に見舞われた。

この日の後楽園ホール大会のメイン、ハヤブサとマンモス佐々木の一騎討ちのなかで、ハヤブサがライオンサルト（リング内からセカンドロープに飛び乗ってのムーンサルトプレス）を失敗して頸椎を損傷、全身不随という事態となったのである。

荒井社長が個人的に借金を重ねてギリギリの状態の中でやりくりしていた団体運営は、この事故によってさらなる観客動員の低下を招き、いよいよ機能不全状態に。残されたメンバーで何とか興行は継続したが、翌12年2月、ついに会社が二度の不渡りを出し、倒産。大会としてはその月の４日に後楽園ホールで行われたものが最後となった。

そして3カ月後の5月16日、荒井社長は都内の公園で自死しているところを発見された――。

ここまでが、FMWが終焉に至るまでの経緯だが、その詳細は荒井社長本人が死の直前、02年4月に上梓した『倒産！FMW　カリスマ・インディー・プロレスはこうして潰滅した』（徳間書店）と、03年1月に冬木弘道が出版した『鎮魂歌　FMWはなぜ倒産したのか』（碧天舎）に詳しく綴られている。団体の消滅、倒産については、ある程度時間が経ってから関係者の証言が増えることが多いが、その直後に複数の視点から当事者の見解が述べられているというのは、珍しいことだ。

最後までFMWに所属した黒田哲広が証言「給料は毎月ちゃんと振り込まれてました」

荒井社長は最初の不渡りが出た2月14日のことを、こう書いている。

「2002年2月14日。

私は、死ぬまでこの日の出来事を忘れられないでしょう。

この日、私が社長を務めるフロンティア・マーシャルアーツ・レスリング株式会社――

つまりプロレス団体ＦＭＷ――が、一度目の不渡りを出してしまいました。いわゆる、『トんだ』という事態を迎えてしまったのです。

（中略）これで、合計２枚、額面２０４万円の小切手不渡りが、確定となってしまいました。

〈…………〉

私は、呆然としたまま、身じろぎひとつもできませんでした。

今まで、幾度となく苦難を乗り切ってきました。

ぎりぎりの綱渡りをどうにか通過してきました。

そんな自分の悪運も、とうとう尽きてしまったのです。

悲嘆。あるいは落胆。

その時の私は、そのいずれの感情も味わいませんでした。あえて言えば、頭の上に岩が落下しそのあまりの大きさと重みに思考も感情も全てマヒしてしまったかのような状態――。あるいはその時、私は立ちながらにしてまさに失神してしまっていたのかもしれません」

同日のことを、冬木はこう回想している。

「あの日、荒井が借金取りに囲まれてた頃、俺は別の場所にいたんだ。そしたら夕方五時過ぎた頃かな。ＦＭＷの関係者から携帯にじゃんじゃん電話やらメールが入ってきたんだな。『とにかくヤバい』『すぐ戻って来てくれ』の一点張りでさ。状況はまったくわからなかったけど、さすがの俺もこれは会社に何かあったなと雰囲気でわかった。

まあ倒産したのかもな……って薄々勘づいてはいたけどね。とにかく慌ててFMWの事務所に戻った。そしたら債権者たちが建物の周りをズラーッと取り囲んでるんだよ。そこら辺は荒井の本の中で書かれてある通りだ。その頃、荒井は都内の喫茶店で借金取りのゴツい男たちに囲まれてたわけだ。聞いた話では債権会社は十数社もいたらしい。とんでもねえ数だよ」

こうして急な一報を受けた選手たちが事務所に集まったわけだが、実際に事務所に行った選手の証言も聞いてみよう。最後までFMWに所属した内のひとりである、黒田哲広だ。

「今も忘れない、バレンタインデーの日ですよ。僕は正直、その2週間ぐらい前に、ある人から『相当ヤバいよ』っていうのは聞いてたんです。もうダメかもと。それで当日、僕はその頃住んでいた浦安のジムでトレーニングを始めようとしてたら、若手の、確か牧田理から電話があって、『黒田さんすみません、すぐ事務所に来てください』と言うんですね。『時間かかるよ』って言ったんですけど、『大丈夫です、何時でもいいから来てください』という声がもうヤバい感じだったので、じゃあ行くよと。

それで事務所に行ったら、1階のフロアに闇金の人たちが十数人、ズラリといるんです

▲試合中の事故で長期にわたり欠場を続けていたハヤブサ。復帰するべく懸命にリハビリに努めるも2016年3月3日に逝去した

よ。僕はその時、選手としては最後に事務所に着いたんで、入ったらその時の全選手がいて、『社長が拉致られた』と。それで倒産の話を聞きました。

荒井さんは別の闇金の人たちに拘束されてたらしくて。僕らは冬木さんから話を聞きました。荒井さんの居所はつかめないということだったんですが、夜中の3時過ぎにやっとお会いできて。ゲッソリして、さらに老け込んだみたいな感じでしたね。少し話をしたんですけど、最後のほうに僕は思わず『変な気だけは起こさないようにしてくださいね』って言ってましたね。『そうだよね』と言ってたんですけど……」

荒井社長は亡くなる前に、全選手に手紙を出している。黒田も受け取ったという。

「前日か前々日ですね。手紙をもらいました。『ああ、これはもう、なくなるんだな……』と思いましたね。その手紙は今も持ってます」

ではそこに至るまでの間、内部の空気はどうだったのだろうか。会社が苦しい状況の中で、現場の人間関係や雰囲気も悪化していたのだろうか。黒田はこう語る。

「いや、全然そんなことないですよ。最後まで給料も出てましたからね。倒産する2年ぐらい前から、〝1試合いくら〟から月給制になったんですけど、毎月ちゃんと振り込まれてました。よく聞かれるんですけど、僕がもらってないのは確か最後の1カ月分ぐらいなんですよ。遅れたこともほとんどなかったと思います。

その前の年に、田中たちが何人か離脱したじゃないですか。あの時は確か、荒井さんが退職希望者を募ったような感じだったんですよね。出ていくなら出ていってもいいよと。田中たちはエンタメ路線があんまり好きじゃなかったというのもありました。

僕ですか？　僕はやめることは考えなかったですね。確かにエンタメ路線は『そっちにいっちゃうの？』って感じだったし、マイクでいろいろしゃべるのも大変だったんですけど、お世話になってたし、そのままいました。これで給料が出てなかったとかなら、考えたかもしれないですけどね」

荒井社長は「選手の給料は何があっても払う」と固く決めて、そのために無理な借金を重ねたと言われている。前述の著書には「2000年12月と翌2001年1月のギャラは、倒産当日まで支払うことができませんでした」とある。逆に言えば、それ以外は全て支払っていたということだ。

なぜFMWは消滅してしまったのか　その答えは誰にも出せない

他の章でも見てきたように、通常、プロレス団体の末期は未払いや遅配によって選手の離脱が相次いだりして、現場の空気も一気に悪化することが多い。しかしＦＭＷはそうではなかったという。そうならないように、荒井社長が文字通り体を張って防いでいたということだ。関係者は荒井社長について「とにかく真面目でいい人だった」と口を揃える。黒田も「真面目すぎたんでしょうね……」と話していた。

しかし冬木の著書では、そうした荒井のイメージに対して異を唱える部分が多々見られる。例えば「はじめに」にもこのような記述がある。

「俺と荒井は絶対に言い争いにはならないんだ。あいつはいつでも『ハイ、ハイ』って頷いていた。裏で何考えてたのかわからないけれど、それがいろんなトラブルの原因にもなってたね。選手とか関係者とかすべての意見を取り入れてなんでもハイハイって言ってちゃ、経営なんてできるわけがないんだ。まあ人の意見に耳を傾けるって点でいえばいい人だよ。でも結局はそれだけ。それじゃ決してキレ者にはなれない。

一緒に仕事をしてて歯がゆい思いをすることはたくさんあった。大きかったのは最初からあの人が素人すぎたってことだ」

一緒にＦＭＷを動かしてきた冬木だからこそ言えることなのだろう。しかしデタラメな経営者の耳を覆いたくなるような所業もたくさんまかり通っているマット界で、荒井社長がスキャンダルになるようなトラブルとはあまり縁がなかったというのも、また事実である。もちろん聖人君子では会社経営（しかもプロレス団体の）などできるわけもないし、それならデタラメでもいいというわけでもない。その答えは誰にも出せない。

黒田は、「今になって考えてみたら、僕らももっとできることがあったんじゃないかと は思うんですよね。営業とかもあの頃は会社に任せっきりで、僕を含めて選手たちは全然やってなかったし……」と話す。だが、ＦＭＷが活動していた90年代はまだ、選手自身の営業活動など（少なくとも公には）ほとんど見られなかった頃だ。今でこそ選手がネットや独自のツテを使ってチケットを売ったりする様子がファンの目にも見えるようになっているが（それの善し悪しはまた別として）、あの当時で考えると「営業は会社がやること」と選手たちが考えていたとしても、責められるべきことではない。

ＦＭＷの終焉後、選手たちは冬木率いるＷＥＷとＷＭＦの2団体に分かれたが、ＷＥＷは03年3月の冬木の急逝により団体としての活動を停止（「冬木軍プロモーション」と改称も、04年5月の最終興行で活動停止）。ＷＭＦは運営会社の撤退などを経て08年に解散している。その後、ターザン後藤が「スーパーＦＭＷ」を、高橋英樹・ＦＭＷ元営業部長が「超戦闘プロレスＦＭＷ」を旗揚げ。また大仁田はその後も「ＦＭＷ」の名を冠した団体を興している。「ＦＭＷ」という名称が今もプロレス界から消えていないのがいいことなのかどうか、少なくとも筆者には全く判断がつかない。

平成マット界

プロレス団体の終焉

第9章

WJプロレス

2004年5月27日　東京・後楽園ホール

2002年に新日本プロレスを離脱した長州力が、「プロレス界のど真ん中を行く」と宣言して翌年旗揚げ。負傷による選手の欠場などの不幸もあったが、初動から観客動員に苦戦を強いられることに。総合格闘技進出への失敗に端を発し、追い打ちをかけるようにトラブルが続く。豊富だったはずの旗揚げ資金も底をつき、相次ぐ選手の離脱の末に、あっけなくその終焉を迎える。

選手の高額なギャラ、設備投資……
最後の最後まで響いた「感覚のズレ」

新日本プロレスを離脱した長州力らが2002年に設立したWJプロレス（正式な会社名は「株式会社ファイティング・オブ・ワールド・ジャパン」）。「ど真ん中のプロレス」を標榜し、翌03年3月1日の旗揚げ戦から長州vs天龍源一郎のシングル6連戦を発表するなど話題を呼んだが、さまざまなトラブルやアクシデントに見舞われ、04年夏にはその短い歴史を閉じることとなった。

所属選手は長州、佐々木健介、越中詩郎、鈴木健想ら元新日本勢を中心に、ノアを退団した大森隆男も参加するなど有名選手も揃っていたが、団体は迷走を重ね、成功には至らなかった。

団体のあらましやその過程で起きたいくつもの事件については、これまでに多数の検証記事で紹介されているし、また永島勝司（元WJ専務取締役）自身が05年に著書『地獄のアングル：プロレスのどん底を味わった男の告白』にまとめてもいる。

今回、WJに選手兼フロントとして参加し、03年8月に退団した谷津嘉章に当時の話を聞いた。谷津の目から見たＷＪは、最初から疑問点だらけだったという。

「新日本時代、永島勝司と長州力のふたりは気が合ったし、ビジネス的にもふたりでやったことがうまく行ってて、永島にしてみれば彼の最大の功績はＵＷＦインターナショナルとの対抗戦だと。僕からしたら、そんなのはタイミングもあるからそんなにすごいことでもないいんじゃないですか、誰でもできるんじゃないですかと思うんだけど、彼にとってはアレはすごいことなんですよ。でも、アントニオ猪木と条件面でうまくいかずに離れることになった。

猪木って人は、自分のことはともかく他の人のことは客観的に、冷静によく見てますからね。だから当時の長州の商品価値も見据えてやってたわけですよ。そこで長州たちは新日本を飛び出て、北海道のスポンサーとＷＪプロレスというのを作ったんだけど、要するにみんな素人だったんですよ。そこが悲劇でしたよね。

長州というのはお山の大将で、プロレスでも裏方の仕事なんかやったことのない人間なんですよ。でも俺はＳＰＷＦという団体を立ち上げて、10年以上独立してやってたし、営業の苦しいこともチケット売りも全部やってるんですよ。営業だってあちこちでやってきたから、簡単にうまくはいかないだろうと思って見てたんですよ。

軍資金は３億円ぐらいしかないのに、長州が声をかけて新日本から来た選手たちのギャラが、元の3～4割増しなんですよ。まだ始まってもないのにだよ！　普通なら逆ですよね。『この先どうなるかわからないから、最初は半分ぐらいになっちゃうけど、それでもいいなら頑張ってくれるか』って言うならわかるけど、最初から上げちゃったら、そりゃみんな来ますよ。

俺が営業に入ってから数字も見させてもらったけど、皆さん、そこそこのいい給料を取ってるんですよね。仕事もやってないのに、そんなに給料払ってるの？　と。何だかんだ、人件費だけで3千万円ぐらいかかってるんですよ。そんなの、他にもリング作ったり設備投資なんかでいろいろかかるんだから、3億あったってすぐになくなっちゃうよ。そういうところでも、やってることがメチャクチャだったね。

旗揚げ戦（03年3月1日）を横浜アリーナでやった時だって、同日に日本武道館ではノアがやっててね。俺はその準備をしてる途中から入ったから最初の流れがよくわからなかったんだけど、やっぱりチケットの売り方がわかってないんだよね。永島さんに『6000人ぐらいしか入らないんじゃないの？』って言ったら、『バカ！　そんなんじゃダメだ！』って言うんだよ。

じゃあ手分けして、6000枚ぐらい手売りで売ったら、当日は1万人弱ぐらいは入って格好がつくだろうと。そこから必死になって売ったんだけど、結局は6000は売れな

▲新日本、ジャパンで長州とともに闘った谷津。選手兼フロントで迎え入れられるも、入団当初から多くの疑問点があったという

くて、4800ぐらいだったんですよ。それでプレイガイドの前売り分とか当日券とかで、結局は8800人ぐらい入りましたかね。だから形はついたんだけど、『谷津、あの時に売ってくれなかったら大変だったよ』って、後からオーナーが言ってくれましたけどね。

新日本から来た連中は、頭を下げてチケットを売ったっていうのはその時が初めてだったと思うんだよね。最初は『何で俺たちがこんなことをやらなきゃいけないんだ』って言ってて、すべてはそういう感覚のズレが最後まで響いたよね」

全国のプロモーターを集めて説明会を開催「お試しパック」で売り興行の販促に努める

横浜アリーナで華々しくスタートしたWJだったが、前述の長州vs天龍6連戦が天龍の負傷によって3戦で中断してしまうなど、早い段階からいくつものトラブルに見舞われることになった。そんななか、内情はもっと厳しいものだったようだ。谷津の証言はさらに続く。

「団体が始まっても、とにかく興行日程を入れろ、でも興行は赤字になっちゃダメだってことしか言わない。だから俺は全国のプロモーターを集めて説明会をやったりしたんだよ。

あとはプロモーター向けに『お試しパック』とか作って、メジャーの売り興行の半額以下で興行を売ったりしてましたよ。

それに乗ってくれたプロモーターもいたから売り興行も決まって、手打ち興行も入れるんだけど、巡業のコースが切れない（『コースを切る』＝効率のいい巡業経路を設定・手配すること）んだよ。売り興行が入っても、『そんなとこはダメだ！』なんて言われたらやり直しになるしね。

お客さんが入らなかったら選手のギャラも払えなくなるから、経理とも相談していかないといけない。地方で手打ち興行をやって不入りになるより、後楽園とか首都圏の興行を増やして、だんだんボリュームを厚くしていけばいいんじゃないのって話をしたんだけど、俺が入ったのは会社スタートより3カ月遅れだから、そこから予定を入れたって遅いんだよ。もっと早くに入れとかないといけないんだよね。

それに、いくら長州なんかがいるって言っても、会社としては始めたばかりだから、後楽園にしても前払い金を入れておく必要があるんですよ。向こうにしてみれば、『レスラーの方たちは知ってますけど、会社としての付き合いはまだないですから』ってことじゃないですか。そこはシビアなんだけど、でもどうにか無理矢理ねじ込んで、12回分ぐらいは入れてもらったんだよね。本当は年間で30回ぐらいは入れたかったんだけど、それが精一杯でしたね。

あとは両国国技館とか、比較的安い大会場ね。経費をかけて地方に行って、入らなかったら大打撃じゃないですか。それならやらないほうがいい。でも長州たちは『俺たちがいるのに客が入らないのは、お前ら営業が悪いんだ』って言い出すから、やってるこっちが馬鹿馬鹿しくなってきちゃったんだよ。向こうは向こうの言い分があるだろうけどね」

「K-1でボブ・サップと総合をやってくれ」石井館長からの高額オファーを蹴った長州力

参加した選手たちにしてみれば、「こんなはずじゃなかった」という思いもあったことだろう。時が経つにつれて、ひとり、またひとりと選手が離脱していくことになる。そして、谷津自身も団体を離れた。

「最終的には、営業会議とかコースを切るための会議に谷津は出なくていいって言われちゃってね。ということはやめろってことかと。それでやめちゃったんだけど、それからも7カ月くらいはいろいろと関わってやってたんだよね。最終的には最初の『お試しパック』よりも、もっと安い値段で興行を売ってたよ。

営業にも新日本から来た社員なんかもいたんだけど、コースを切ったりはやったことのある人間にしかできないからね。最後のほうになって慌てて選手を入れたりとかしてたけど、もう遅いよね。そういうのは最初から考えてやらないと。

なにしろ、『俺は天下の長州力だ』っていう感じでしたからね、あの頃はまだ。最近は『滑舌が悪い』っていうキャラでTVによく出てるじゃない。あの当時にそれぐらいの開き直りがほしかったよね。今ぐらいの柔軟さでやってくれてたら、あの頃にももっと成功できたんじゃないかなあ」

この当時はPRIDE、K―1がTV中継されて人気を博していた時期と重なる。長州は一貫して格闘技とは一線を画す発言をしていたが、谷津離脱後の03年9月1日にはWJで「X―1」という金網総合格闘技大会を開催。しかしこの大会も悪評を呼びこそすれ、成功にはほど遠かった。実はこの頃に、格闘技側から長州にこんなオファーがあったという。

「まだ俺がいた頃、K―1の石井和義館長から長州に『ボブ・サップと総合でやってくれ』っていうオファーが来たんだよ。かなり高額なファイトマネーだったから、オーナーも俺もすごく説得したんだけど、結局『俺はやらねえよ』って断っちゃったんだよね。『あんたはトップだろ！』って俺は言いたかったよね。トップレスラーである以上、自分をうまく料理して、会社に利益をもたらさなきゃダメでしょ、と。サップとやってれば外貨も稼げたし、うまくいけば何試合かやって、もっともらえたかもしれない。そうしてたら、あんな横浜文体で変な金網の総合の大会（「X－1」）なんかやらなくてよかったかもしれないし。

そういうところはビジネスマンじゃないなあと思いましたねえ。歯がゆかったですね。社長でいながら、その『トップであること』の意味がわかってなかったですよね」（谷津）

不穏な空気が立ちこめるＷＪの事務所 営業と選手の意識の違いが口論に発展

ＷＪで自らの人脈とノウハウを活かして営業に苦心したが、報われなかった谷津。最後に彼はＷＪ時代をこう振り返る。

「俺の反省点は何かというと、新団体を興したくせに老舗の感覚のままでいる連中を啓発できなかったことだよね。老舗じゃないんだからもっと柔軟性を持って、何でもやってみようという精神でやらなきゃいけなかったんだよ。長州もお山の大将じゃなくて、小山の大将ぐらいの気持ちでね。でも俺も、『もう面倒くせえや』と思って投げちゃったんだよね。

俺は自分が独立した時のノウハウもあったんで、そのなかでも悪いものは正して、いいものは取り入れていきたかった。いきなりメジャー並みの興行数を入れることはできなかったけど、1〜2年の猶予をくれれば、やれる自信もあったんだよ。だから残念だったねえ。

営業がチケットを売る時には、スター選手が一緒に来ればたくさん売れることもあるんだよ。そういう相手先があって頼んでも、長州は自分じゃ動かなくて、佐々木健介を行かせたりしてね。そういう援護射撃もなかったからねえ。まあでも、今となってはいい思い出だよ。もう10年以上も経っちゃったしね」

03年後半には大森、越中、佐々木らも団体を去り、04年に入ると大物ルーキー中嶋勝彦のデビュー戦や体制変更で生き残りを図ろうとしたものの、やはりそれまでのダメージは大きく、団体は崩壊。WJとしては所属選手の契約を解除し、若手3選手（石井智宏、宇和野貴史、和田城功）は別に設立された「リキプロ」に所属を移して活動することとなった。そのリキプロの代表に就任したのが、WJの元社員で当時まだ22歳だった立石（旧姓）史だ。

旗揚げ戦前の年末にアルバイトとしてWJに入り、総務部に配属されて雑用をこなしていたという立石は、旗揚げ後の社内をこう振り返る。

▲長州と決裂した健介は、団体の王座WMGのベルトを返上して退団。越中は最終戦まで、そのリングに上がり続けた

「チケットが売れなくて、営業の人たちのストレスが溜まっていって、３月の旗揚げの直後から事務所内は不穏な空気が立ちこめる感じになってきました。選手との協力態勢も取れないし、お客さんからのクレームも入ってくるし、営業の人たちは相当なストレスだったと思いますよ。

選手からしたら『もっとお客さんが入るだろう』と思ってたでしょうし、でも営業からすれば『もっとインパクトのあるカードを組んでくれないと売れない』という声も出てました。選手たちに対しても、スポンサーさんのところにはもっと一緒に挨拶に行ってほしいと言ってるのに協力してもらえないとか、そういうボタンの掛け違いもたくさんありました。

最後の頃には、営業と選手の意識の違いが元で激しい口論になったりしてたこともありましたね。選手は自信を持ってやってるし、やっぱり選手たちに対しては営業の立場のほうが弱いじゃないですか。それでイヤになってやめていく人もいて、やめる時には最後にワーッと不満を爆発させる人もいました。泣いてしまう人もいたりとか」

残りふたりの社員のうちひとりが夜逃げ!!
新代表の白羽の矢は弱冠22歳の女性に

やがて選手の離脱が相次ぎ、会社の情勢が悪くなってきても、立石自身にはそれほど大きな変化はなかったという。

「私は本当に一番下だったので、オフィスでそういうことが起きていても見て見ぬふりをするしかなくて『どうなっちゃうんだろう』と思いつつも、そこそこある業務をこなしていくしかなかったですね。後半の時期は社員がやめると、福田（政二）社長が持っていた札幌の会社のスタッフがヘルプで入ってくれたりしてました。

選手の離脱は、私たちも東スポの誌面を見て知るようなことのほうが多かったですね。事務所では選手とお話しするようなこともあまりなかったですし。ただ、谷津さんは選手と営業の間に入ってくださっていたので、谷津さんとはお話しする機会はありました。

あと、越中さんの奥さんがスタッフにいらしたので、『選手はこういう風に言ってるよ』みたいなことを聞かされることもありましたね」

そして前述の通りWJは終焉を迎えるわけだが、ではなぜ立石がいきなりリキプロの代表ということになったのだろうか？

「WJは最終的に、事務スタッフが私を含めてふたりしか残ってなかったんですけど、もうひとりの男性社員が夜逃げしてしまったんですよ。私ひとりになってしまって『もうどうにもならない』ということになって、残っている選手をWJから切り離そうと。それで長州さんから『ひとりしかいないから代表ということで名前を貸してもらうけど、責任は全部こっちで持つから』と言われて、代表をやることになりました。

その時は事務所も道場のプレハブに移してたので、ほぼそこに住んでるような状態で働いてました。引き受けるにあたってはもちろん不安もあったんですけど、『あんなにネームバリューもあって栄光の道を歩んでいた長州さんの最後がこんな形ではかわいそうだ』とすごく思ってしまったんですね。それで何かきっかけをつかんで、うまくいくまでのお手伝いができればと思って引き受けました。

実際、WJの負債は永島さんだったり福田さんだったり、長州さんなりに責任があるわけじゃないですか。そこはリキプロには影響がいかないように約束できると言われたので、後楽園ホールなどで赤字にならないようにという感じでやってましたね」

若き女性代表としてメディアにも取り上げられ、リング上で発言する姿も人気のあった立石。それも10年以上前の出来事だ。現在は三児の母となっている彼女は、最後にこう語った。

「あの時に在籍していて今もずっと活動しているのは、新日本プロレスにいる石井智宏選手だけなんですけど、第一線で活躍していて、すごくうれしいです。時々お会いすることもあるんですけど、活躍ぶりには目頭が熱くなる思いがありますね。

WJ時代のことは苦しい思い出というわけではないです。無責任な言い方になってしまうんですけど、すっごい面白いことに巻き込まれたなというか。いい経験ができたなと思ってます。あまりにもいろんな方にご迷惑をおかけしたので、『よかった』と言うことはとてもできないんですが……」

もうひとり、フロント側からWJの顛末を見ていた人物に、常務を務めた高田龍がいる。高田は谷津のSPWFを手伝ったことがきっかけでプロレス業界に入り、その後レッスル夢ファクトリーを立ち上げ。同団体を離れてから一時は業界を離れていたが、別の業種で成功を収めたのち、WJに参画して営業に関わった。高田はWJを、こう振り返る。

「WJは、可能性はあったと思うんですよ。有名な選手もいたしね。ただ、上のほうで関わっていた人たちの頭が固かったのは事実でした。谷津もマッチメイクなんかについて『高田に任せたらいい』と言ってくれたんだけど、なかなかそうもいかなかったみたいでね。

長州力も今はＴＶなんかに出てニコニコしてますけど、ＷＪ当時にあの半分でいいから柔らかく考えて、営業にも協力してくれたら全然違ったと思いますけどね。あの頃の長州はまだプライドも高くて、新しくスポンサーになってくれそうな人を見つけて接待の場を設けても、『俺はいいや』っていう感じで来なかったりしてたから。その場に長州が来たら一発で決まってただろうに、結局ダメだったりということもあったからね。

結局、ＷＪって言ったら屋形船で高級メロン配ったとか、スタート当初の金遣いの荒さなんかが取り上げられるけど、そんなに悪い団体ではなかったと思うんですけどね」

特大の打ち上げ花火を上げた旗揚げから、あまりにも寂しい末路を辿ることになったＷＪは、いまだに一部のプロレスファンから伝説として語られる団体だ。時間が経過したからこそ、谷津と立石は『いい思い出』と当時を振り返るが、やはりその爪痕は大きかった。あの規模の新団体旗揚げがその後ないことと、この団体が残した爪痕の深さは決して無関係ではないだろう。

平成マット界 プロレス団体の終焉 第10章

全日本女子プロレス

2005年4月17日 東京・後楽園ホール

1968 年の旗揚げ以降、ビューティ・ペアやクラッシュ・ギャルズなどの社会的なブームを巻き起こし、90 年代には団体対抗戦を目玉に再ブレークを果たす。94 年にはブル中野、北斗晶らを中心に東京ドーム大会を開催するなど、絶頂期を迎えた。何度も大ブームを巻きおこしながら、女子プロレス界をリードしてきた老舗団体が迎えた、その終焉に迫る。

70～90年代に幾度も絶頂を極めるも会社が二度目の不渡りを出して倒産

日本マット界では、「女子プロレス」＝「全日本女子プロレス」という時代が長く続いていた。創業者である松永兄弟の手によって1968年に始まった全女の歴史は、86年にジャパン女子プロレスが誕生するまでは、ほぼイコールで日本の女子プロレスの歴史そのものだったのである。全女は70年代のビューティ・ペア、80年代のクラッシュ・ギャルズという2大アイドルブームを起こし、90年代には団体対抗戦の中心となって大きな成功を収めた。94年にはついに東京ドームに進出、絶頂期を迎えることとなる。

しかしそれからわずか3年後の97年には経営の悪化が表面化し、8月の日本武道館大会を皮切りに所属選手が大量離脱。9月には残った11人の選手（練習生含む）により「新生全女旗揚げ戦」と銘打たれた大会が行われたものの、翌10月に会社が二度目の不渡りを出し、倒産。このニュースはプロレス界だけでなく世間一般にも衝撃をもたらした。この際、目黒にあった本社事務所と、秩父に所有していた複合施設「リングスターフィールド」は手放さざるを得なくなったが、債権者から事務所を借りる形で興行活動は継続されることとなった。

97年の大量離脱後には、離脱組によってふたつの新団体が誕生した。ひとつは井上京子を中心とした新日本女子プロレス（のちにネオ・レディースに改名）。もうひとつが全女時代に「団体対抗戦の仕掛け人」として辣腕を振るったロッシー小川（現・スターダム代表）によるアルシオンだ。同団体は全女の人気選手だったアジャ・コング、吉田万里子、府川由美らを擁し、ビジュアル面での斬新な打ち出しなどによって華々しいスタートを切った。小川は全女離脱時の状況をこう語る。

「その頃の全女はひとり辞め、ふたり辞め……っていう状況が続いてましたよね。井上京子が他の選手たちに声をかけてアクションを起こしたのを見て、自分はその前から新団体設立に向けて動いていたんですけど、『これは決定的だな』と思いました。

全女の経営状況に関しては、その半年ぐらい前から、全額ではないけど一部未払いが続いてました。ただ、僕が辞めたのはあくまで新しいコンセプトでの新団体を作るためで、未払いとかが理由というわけじゃないですけどね。

そのあとですか？　生命力があるなあと思いましたね。すぐダメになると思ってたのに、潰れないいんですから。まあ、あの頃はまだフジテレビがついてましたからね」

そのフジテレビと全女の付き合いは長い。フジが初めて全女の試合を中継したのは旗揚げの年である68年のことで、80年代のクラッシュ・ギャルズ・ブームの頃にはゴールデンタイムで放送されていた。フジテレビによる中継は97年の倒産時に一時中断されたが、98年7月にリニューアルし「格闘女神ATHENA」という番組になって再開。お台場のフジテレビ屋上庭園で大会を開催したり、納見佳容、脇澤美穂、中西百重、高橋奈苗の4人によるアイドルユニット「キッスの世界」を誕生させるなど、新たな仕掛けで全女をバックアップした。

事業主体である全女の本社が倒産して消滅しているため、本来なら興行を開催するには数々の困難が伴う。それこそ会場を借りるだけでも倒産前のようにはいかないはずだが、この時にフジテレビのバックアップがあったことはとてつもなく大きかった。

給料の支払いはどんどんずれ込みついに「お金をもらえない」状態に

小川も語るように、倒産後の全女はしぶとく生き続けた。フジテレビの中継終了後の03年には横浜アリーナで創立35周年記念大会を開催。他の団体が活動休止したり、そのメンバーがまた新団体を旗揚げしたりプロダクション的なグループとなっての活動を始めたり

▲北斗晶、アジャ・コングらが激闘を繰り広げ、かつてのブーム
とは違い、一般のプロレスファンにも支持されていたが……

と、業界自体が大きな軸を失って迷走する中、とにもかくにも老舗「全日本女子プロレス」の看板は守られ続けていった。

全女の会長であった松永高司はこの頃、公式・非公式の場を問わず「また神風が吹けば、全女は復活できる」と話していた。神風とは前述のビューティ・ペア、クラッシュ・ギャルズのような大スターの誕生を意味する。

彼女たちが一世を風靡した時代には全国の会場が超満員になり、売り興行も増えて極端な時には年間300近い大会数をこなした。頂点のスター選手をはじめとして所属選手たちは各種メディアに引っ張りだことなり、会場では信じられないスケールの現金が飛び交ったという。売店担当者が売上の紙幣を段ボールに入れていたが、入りきらないので足で踏んで押し込んでいたというエピソードも語られている。

ビューティ・ペアにしてもクラッシュ・ギャルズにしても、会社側にしてみれば「偶然の産物」であった。ビューティはマッハ文朱の引退後に急ごしらえしたユニットだったにもかかわらず人気が爆発。クラッシュもデビュー当初は地味な存在だった長与千種が「覚醒」したことで大スターにまでのし上がった。「スター選手はどこから生まれるかわからない」。それらの成功体験が、「また神風が吹けば……」という発想につながっていたであろうことは想像に難くない。

しかし、大ブームが起きた頃と終末期においては、さまざまな条件が決定的に異なっていた。全盛期はアイドル選手の人気を受けて入門志望者が殺到、一時はフジテレビでの入門テストにも人が入りきらないほどの盛況となっていたが、そもそも団体が増えた上に厳しい状況にあった全女への入門希望者は増えるはずもなく、それでも毎年コンスタントに数人の新人をデビューさせてはいたものの、「突然大スターが誕生する」という偶然が起きる余地はなくなっていたのである。

それでも救いだったのは、大量離脱、倒産といった苦境に直面しても全女に残った選手たちが、以前にも増して激しく華麗な闘いを繰り広げていたことだった。97年11月の再出発時に残った選手たちには、それこそ「全女を守る」という悲壮な覚悟があった。そのひとりであり、最後まで「全女」で闘い抜いた前川久美子は、倒産前後の状況をこう振り返る。

「8月の日本武道館のあとに京子さんが離脱されて、アジャ様も抜けたじゃないですか。自分はデビュー5年を越えてちょうど中堅に差しかかっていくところだったので、この少なくなったメンバーで試合が成り立っていくのかなと不安になっていたりしてましたね。

そのずっと前から給料の支払日が毎月25日から27日になり、月末になり、翌月になって……と、どんどんずれて遅れていってたんです。それである時、堀田祐美子さんがみんなを集めて、『実は会社が不渡りを出して……』って説明してくれたんですけど、その時は不渡りっていうのが何なのかすら、わかってなかったんですよ。不渡り、倒産ってなった時に、プロレス界の外にいる大人の人に説明してもらって、お金がもらえない状況っていうのをやっと理解できたぐらいで。

一時は試合をしたら日払いで払うからということになった時期もあったんですけど、それももらえない時もあって。そういう時はみんなで会社と話したりしました。こっちは体張って闘ってるのに、何でもらえないの？　って。

生活が苦しくなった時は、親に話して貸してもらったりもしましたよ。幸いウチの親は『辞めなさい』とか一切言わなくて、『できるところまで頑張りなさい』って言ってくれたので」

「救いの神」だったフジテレビも去り37年続いた全日本女子プロレス消滅

何度も書いているように、この時期には多くの選手たちが全女を離れている。前川は離脱を考えなかったのだろうか？

「声をかけていただいたりもしたんですけど『全日本女子プロレス』というところが好きだったので、離脱は考えなかったですね。生活がどうとかというより、『全女のプロレスラー』でいたいというほうが大きかったんです。でも今思えば、お金をもらえてなかった時点で、プロではなかったんですけどね。

その頃は、抜けていく人と残る人で境目があるというか、仲間意識の違いは多少は出ていたと思いますよ。完璧にみんながいなくなっちゃってからは、残った人間で一致団結した気持ちになりました。

迷ったこともありますよ。新生全女になって、下の子が何人か入ってきたりもした時期に、私は同期が誰もいなかったんですね。みんな抜けちゃったから。それで同期の玉田りえがいるアルシオンに行こうかと思ったこともあったんです。でもいろんな話をした中で、やっぱり『自分がいるのは全女しかないんだな』と改めて思って、最後まで残ることにしました」

前川にとって、再出発時に支えとなった存在は、「全女のスタイルとしても」堀田だったのだという。残った選手が一丸となって頑張っていこうと決意した時、外部からも救いの手が伸びた。前述のフジテレビだ。

「フジの関係者の方々は選手の味方になってくれたんです。全女とフジで話し合いをした時に、『契約金を選手の未払い分に充てるのであれば、契約を継続する』という話をしてくれて。それはありがたかったですね。だから（02年に）フジの中継がなくなった時はいよいよ……という感じがしました」

先に触れた通り、フジテレビの中継が終了してからも、全女は興行を継続した。しかしなけなしの体力もだんだんとなくなっていき、経営はいよいよ苦しくなっていった。その中で02年には豊田真奈美が退団しGAEA JAPANに移籍。03年横浜アリーナ大会後には堀田祐美子らが退団。再出発時に残った選手たちの中でも柱となっていたふたりの離脱で、いよいよ終焉が近づいてきた。04年には賃貸していた目黒の事務所も引き払って移転。興行数も減り、翌05年3月には主催興行も打てない状態となった。

そして05年4月、最後のけじめという形で後楽園ホールにおいて解散興行を開催。主催したのはゼロワンを中心に興行などを手がけるファースト・オン・ステージだった。この日を最後に会長職を退く松永高司らがリング上での挨拶中、やにわに土下座して詫びようとし、関係者に慌てて抱き起こされるという一幕もあった。この大会をもって、37年続いた「全日本女子プロレス」の歴史には終止符が打たれた。

終盤の興行では、過去に離脱した選手たちも対抗戦のような形でまた全女のリングに上がるようになっていた。ロッシー小川率いるアルシオンは02年5月の有明コロシアム大会で全女との対抗戦に踏み切った。離脱選手と全女に残留した選手たちの試合は必然的に熱くなっていたが、やはり90年代の対抗戦全盛期のようなスケールにまでは至らなかった。そのような状況の中での全女解散に、小川は何を感じたのだろうか。

「その頃は団体もまた増えていたし、自分たちも苦しかったから、古巣がどうこうよりも、『一団体減れば自分たちには都合がいい』ぐらいの感覚のほうが大きかったですよ。もちろん複雑な部分も少しはあるけど、それよりも自分たちが生き残っていくのに必死だから。団体経営は、やっぱり難しいんですよ。全女は昭和のいい時代にやってたから、あのやり方で成り立ってましたけどね」

「赤いベルト」の亡霊に悩まされ続けて女子プロレスラーを辞める決断を下す

一方、最後まで全女に残った前川は、いよいよ団体が苦しい状況の中、解散までに先輩選手や後輩たちが離脱していくのを目の当たりにしていた。

「堀田さんが抜けた時はショックもありましたけど、未払いもひどくなっていた時期だったので、仕方ないなと思ってましたね。豊田さんもＧＡＥＡに行きましたし。残っていた選手たちはみんな『全女が好き』という気持ちは同じだったと思うけど、生活できなかったらどうにもならないじゃないですか。倒産した時は自分たちですら何だかわからなかったんだから、ナナモモ（高橋奈苗、中西百重）とかもっと下の子たちとか、もっとわからなかったはずですよね。それでも彼女たちがやってたのは、やっぱり『全女が好き』だったから。その子たちが抜けていったのも、やっぱり仕方ないなって思うんですよね」

前川は全女の終末期、05年の1月に団体最高峰の証であるWWWA世界女子シングル王座を獲得した。全女の歴史を語る際に欠かせない「赤いベルト」を腰に巻いたのだ。全女存続中は最後の王者となったため、解散後も「赤いベルトの持ち主」ということになった。しかし、やがてはこのことが彼女を悩ませることにもなった。

「解散後、1年間はフリーとしてやっていたんですよ。最後の最後にWWWAシングル王者になって、『こんな時期に』とも思いましたけど、解散後はそのベルトを商売に利用しようとする人もいたりして、そのことを考えるのが自分の中で苦痛になったんです。『全日本女子プロレス』の名前を使いたい人もいたから、そういうところにフリーとして呼ばれて試合をしに行ったら団体とも呼べないような興行だった時も多くて。他に出ている、よくわからない若い子と同じ扱いをされるのも苦痛でした。

最初は堀田さんの関わる興行にずっと出ていたんですが、いろんな人たちがベルトを利用したくていろいろ言ってくるのがイヤになったのもあって、スッパリと辞める決意をしました」

前川は06年3月、後楽園ホールでの引退興行を最後に現役を退いた。その大会で高橋奈苗が前川を下して赤いベルトを奪取し、来場していた松永高司にベルトを返還して同王座は封印された。

全女を経営していた松永兄弟は、最後に社長を務めていた松永国松が全女解散から4カ月後に自死を遂げ、松永高司は09年に病死している。一時は「全日本女子プロレス」の名前を残すべく親族を中心に権利譲渡なども検討されたが、負債額のあまりの大きさに話はまとまらなかった。前川の言葉にもある通り、近年に至るまで各地のプロモーターが「全日本女子プロレス」の名前を使った興行を開催しているが、団体としての全女はもうどこにもない。

何度もこの世の春を謳歌しながら、悲惨な末路を辿ることになった全日本女子プロレス。その要因は多角経営の失敗や放漫経営の影響など諸説あるが、小川はこう話す。

「経理を見ていたわけじゃないから本当のところはわからないけど、株式投資で9億円損したとかいう話もありましたよね。よくも悪くも商売が大きくなりすぎたんだと思いますよ。だから手の届かないところが出てきた。そういう状態になって、どこかひとつ悪くな

▲2005年4月17日、全女としての最終興行のリングに上がった選手たち。会場には大勢のOGたちも駆け付けた

ると循環が悪くなって、全体が立ち行かなくなりますよね。

全女を出てからは自分も団体経営という立場になりましたけど、最初から自分たちは全女と違う方法で上がっていかなければと思ってました。松永兄弟は昭和のいい時代を過ごした人たち。今は時代が全く違うので、参考にはならないですよ」

一方、前川は松永兄弟について、こう感じている。

「プロレスだけに力を注いでくれていれば、今でも全女はあると思うんですよ。そしたら、自分もレスラーを続けていたと思います。ケガをしてやめたとかではないので。

今、女子プロレスがなぜこういう状況なのかと言えば、松永兄弟みたいな発想をする人がいないからだと思います。あんな力を持っている人もいないですよね。だから個々の団体がバラバラ。今たくさんある団体がひとつになれば面白いものができるはずだけど、ひとつにできる人がいないんですよね。

松永家の人たちも病気で亡くなってたりもしてるので、次世代の人たちが継いでくれていればと思うこともあるんですけど、そしたらまた違うものになっていたかもしれない。そう思うと、やっぱり松永家の人たちはすごかったんだなと思いますね」

前川の言葉を聞いていると、「全女愛」が端々に飛び出す。「全女」はなくなったが、ファンも含め多くの人々の心に残っている。

「会社の人たちが、他のことに手を出して自分たちで作ったものをダメにしちゃった部分に関しては悪いと思うけど、全女はブランド。今、いろんな団体が頑張ってると思いますけど、全女に敵うものはないと思ってます。

プロレスに関して言えば、全女に悪い気持ちは何もないです。今、他の団体でやってる人も、口に出さなくても全女のプライドは持ってるはずです。そういうのが消えなければいいなと思いますね。いつまで言ってるの？と思うかもしれないけど、全女がなければ女子プロレスはなかったんですから。今、実際にあればもっと誇れるんですけどね（笑）」

平成マット界

プロレス団体の終焉 第11章

NEO女子プロレス

2010年12月31日 東京・後楽園ホール

1998年、井上京子を中心に全日本女子プロレスを離脱した選手9名で「ネオ・レディース」を旗揚げするも2000年に解散。その後、残された選手たちは「NEO女子プロレス」を旗揚げし、2010年に至るまで闘い続けた。ある意味プロレスらしくない「世界一平和な団体」とファンから愛された団体の結末とは。

「ネオ・レディース」解散を受けて約2カ月後に旗揚げされた新団体

90年代、対抗戦ブームで一時は絶頂を極めた女子プロレスの世界に混沌を呼んだのは、間違いなく「大黒柱」だった全日本女子プロレス（以下、全女）の崩壊であった。1997年頃から全女が経営危機に陥ったことで選手・スタッフの離脱が相次ぎ、いくつかの団体が誕生した。そのひとつが、井上京子や下田美馬、三田英津子らを中心として旗揚げされたネオ・ジャパン・レディース・プロレスリング、通称「ネオ・レディース」だ。

ネオ・レディースは井上、下田、三田、チャパリータASARI、元気美佐恵、田村欣子、タニー・マウス、椎名由香、遠藤紗矢の9名を所属選手として、1998年1月に旗揚げ。しかし興行的に波に乗れず、選手と一部フロントの対立も表面化する中、2000年1月の後楽園ホール大会を最後に解散。わずか2年の短命に終わってしまった。

その後、残った選手たちによって改めて旗揚げされたのが、「NEO女子プロレス」（以下、NEO）である。NEOとなっての所属メンバーは、井上、田村、元気、タニー、遠藤の5人。3月16日には北沢タウンホールで「プレ旗揚げ戦」が行われ、そこにフリーとして参戦していた宮崎有妃が京子とのシングル戦後にマイクで入団をアピール。これが認められ、宮崎を入れて6人での船出となった。

なお同日は2試合のみが組まれ、2試合目、すなわちメインは田村&遠藤vs元気&タニーの「純血タッグ」。全女の同期でここまで行動をともにしてきた4人がメインを飾ること、なかでも田村と元気の攻防によって、「ネオ・レディースからNEOへ」というカラーの違いを明確に打ち出した。また本格的な旗揚げ戦は2カ月後、同じ北沢タウンホールで開催。ここでもメインでは田村と元気がタッグで激突し、新時代をさらにアピール。後楽園ホールがメインだった興行体制も、北沢タウンホールなど小規模会場を中心としていくことで刷新を図った。

「世界一平和な団体」に突如、激震が走る！

こうした動きの中心となったのが、ネオ・レディース時代からフロントの一員だった甲田哲也だ。ネオ・レディース解散後、一度は新会社「株式会社エヌ・イー・オー」が設立されていたが、この会社が早々に破産するというアクシデントがあり、甲田が社長となって設立された「有限会社ネオ・エンターテイメント」がＮＥＯの経営母体となったという経緯があった。ネオ・レディースの活動と挫折を内部で見てきた甲田だったからこそ、その中での反省が活かされた形となった。

以後、ＮＥＯは新人もデビューさせながら、フリー選手たちの参戦も活かしつつ活動を続けていく。所属選手たちとレギュラー参戦のフリー選手による世界観を確立し、根強いファンも生んだ。女子団体がだんだんと数を増し、フリー選手も増えていく中で、後楽園ホールやディファ有明をビッグマッチと位置づけた〝等身大〟の活動も功を奏し、ファンからは「世界一平和な団体」と呼ばれるほどだった。

そんなＮＥＯに激震が走ったのが、10年5月5日の後楽園ホール大会。「旗揚げ10周年記念興行」という、晴れやかなはずの場でのことだった。まずは試合を終えた井上京子が団体離脱を表明。場内に動揺が走る中、メイン後にはタニーの口から、同年12月31日の後楽園大会をもってＮＥＯ自体が解散すること、その日を最後に田村、タニー、宮崎の３選手が引退することがアナウンスされたのだ。同時に、負傷のため長期欠場中だった３人の新人選手（だいのぞみ、石橋葵、川野夏実）がこの５・５後楽園大会をもって退団となったことも発表されている。

大きな動きと発表があまりに相次いでしまったために、この一件はスキャンダラスな話題として受け止められることとなった。「ＮＥＯにお家騒動が起きた」との評判が業界を駆け抜け、この大会を報じた雑誌も解散発表より京子の退団のほうを大きく扱った。「ＮＥＯに何が起きたのか?」と、ファンも騒然となった。

当事者の口から語られた「解散発表」当日の詳細

この翌年には新団体スターダムを旗揚げするロッシー小川は、この大会の当日、自らのブログでこう記している。

「〝世界一平和な団体〟に起こった、不幸なバッドエンド……井上京子が突然の離脱声明をしたと思ったら、メイン終了後にはタニー・マウスの口から12月31日を最後にＮＥＯの解散が発表された。さらにタニー、宮崎、田村の3選手が大晦日での引退を表明したのだ。10周年記念大会での衝撃の出来事だった。ＮＥＯに不協和音が吹いているのは、京子が輪に加わらなかったことから察しがつく。私も経験があるが、これは苦渋の選択だったのだろうか……？　これからの後処理が容易ではあるまい。『ジョシプロレスハ、ドウナルノ……』とは、この日参戦したアメージング・コングの言葉だ。さてさて、この先は一体どうなるのか！」

この見解は、当時のファン・関係者ほとんどに共通するものだったはずだ。だが、内部の人間からすると、こうした受け止められ方は不本意なものだったという。リング上で自らの引退と団体の解散を発表したタニー・マウスは、当日を振り返ってこう語る。

「普通は、リング上で引退を発表すると、ファンの人から『残りの期間も頑張れ！』みたいな温かい声援が飛ぶんですよね。でも同時に解散の発表もしたものだから、『えー！』とか『何でだよ！』みたいな反応になってしまった。心苦しかったですね。その後も、他団体の選手とかフリー選手からも『何でみんないっぺんにやめちゃうんですか？』と言われたりして、何だか悲壮感溢れる感じになってしまったんです。しばらくしたら吹っ切れましたけど、最初の1カ月ぐらいは心苦しかったですよ」

当時の社長が明かした「大晦日解散の舞台裏」

10周年記念興行という晴れがましい場のはずだったのに、大物選手の離脱、中心選手たちの同時引退、極めつけに団体の解散までもが発表されてしまったら、観客としてはとても受け止めきれないだろう。消化できず、ストレスを感じてしまうのも仕方ない。そもそも、なぜこのようなことになったのだろうか？　当時の社長だった甲田哲也はこう説明する。

「おかげさまで運営は順調だったんですが、退団する選手がひとりずつ出てきて、逆に新人選手が入ってもなかなか育たなかったりしていて、そんなタイミングで10周年を迎えるのに合わせて、田村、タニー、宮崎の3人が『引退したい』って言ってきたんですね。とはいえ井上京子もいたし、勇気彩や野崎渚もいたし、高橋奈苗、華名、夏樹☆たいよう、木村響子、江本敦子、中川ともか、栗原あゆみとか、レギュラー選手も充実していたので、所属選手が3～4名になっても続けられるという思いはありました。でも10周年というタイミングでこれだけ人がいなくなるというのは、解散というタイミングなんだろうなということで、選手に相談して。井上京子は最後まで反対したので退団という形になりましたが、最終的に解散を決めたという形ですね」

3選手が引退を決めたのは、解散と直接関係があるわけではなかった。その経緯について、タニーはこう話す。

「引退したいという意思を会社に伝えたのが最初ですね。『引退しようと思う』という相談は3人でしていて、会社に言ったときは、まだ『解散』という話にはなっていませんでした。甲田さんとは、『引退するときは1年前に言う』という約束になっていたから、前もって相談して。甲田さんにその話をしたら翌年の年間スケジュールを持ってきて、『どの日にしますか』って言われたので（笑）、大晦日を選んだんです。その日はそれで終わったんですけど、その後から解散という話が出たと思います」

しかし解散という話題は、実は甲田とタニーの間では、それ以前から話されていたのだという。

「解散って、そもそもプロレス団体にはなかったことなんですよ。崩壊はあっても、いいところでパッと解散するという例はなかったので、タニーと『絶好調のところでパッと解散できたらカッコいいよね』っていう話はしてたんです。そしたら、GAEA JAPANがそれをやったんですよ（05年4月）。『先を越されたね』と話していたのはハッキリ覚えていたので、彼女たちの引退うんぬん以前から話が出ていたのは確かですね」（甲田）

最終興行まで残り約8カ月
その時、何が起こったのか？

10周年記念興行での発表がネガティブに受け止められてしまったのは、京子の退団が加わったことが大きい。当日、取材に応えた彼女は「団体との間で、やりたい方向に違いがある」とコメントしている。現役選手として継続することしか頭になかった身としては、「終わることが決まっているところにはいられない」という思いがあったようだ。「解散」という最終決断について、甲田には業界全体の傾向を見据えての思いもあったという。

「所属選手以外に頼って興行を成立させるやり方というのは、業界にとってあまりよくないという気持ちがあったんです。選手が少なくなってもやっていく自信は全然あったんですけどね。実際、そういうやり方で好調な団体もあったんですよ。でも業界全体のことを考えると、自分たちで選手を育てられないところは淘汰されても仕方ないという思いがあって、解散は自然の流れなんだろうなと思うようになっていましたね。また、『日本人は出口戦略ができない』ということが言われていたのも意識していました。日本人は義理人情に縛られたりして、キチンと終わらせずにダラダラ続けるほうを好むために、会社をどこかのタイミングで終わらせることができないと。外国人には『EXIT戦略』という言葉もあるぐらいで、それができるというんですね。それなら僕らは、出口戦略をキチンとやらないと、という思いもありました」

一方の選手たちにとっては、解散はどう受け止められたのだろうか？

「勇気や野崎は田村たちを慕っていたので、解散の決定に従うということになりました」（甲

田）

「自分のことだけ考えると、旗揚げから10年やったことで責任を果たしたという気持ちはありました。でも残った新人の野崎や勇気のことを考えると、複雑でもありましたね。自分的には美談で終われるわけじゃないですか。旗揚げから在籍して、解散まで苦しい時期を迎えることもなく、キチンと終われたことになるわけですから。でも、残される人間もいる。どちらの気持ちも、当時はあまり大っぴらには言えなかったですね。それに、私はその日で現役を終わるわけですけど、帰るところがなくなるのはやっぱり寂しいじゃないですか。引退してからOGとして後輩たちの成長を見ることができないというのは、寂しいなとは思いました」（タニー）

解散を発表してから実際の最終興行までは約8カ月あったわけだが、この期間に選手間の結束はより強くなったのだという。

「解散というゴールが決まったから、残った人たちで団結して、すごくいいものができたんですよ。内部の雰囲気もすごくよくて。飯田美花がデビュー（解散直前の11月）するまで、選手が5人しかいなかったんですけど、『NEOを見るのは今日が最後というお客さんもいるかもしれないから、毎回全力投球しよう』と思えました」（タニー）。

迎えた最終興行は まさかのエンディングに

3選手の引退ロードや、解散を知りつつも入団した飯田のデビューを交えながら最後の時を歩んでいったNEOは、その年の大晦日、ついに最後の日を迎えることになった。「NEXT DOOR」と題された後楽園ホール大会には、札止めとなる1750人の観客が詰めかけた。ここで行われたのは、以下の7試合だ。

▼第1試合　10分1本勝負
○花月
（7分34秒、体固め）
●飯田美花

▼第2試合　15分1本勝負
○さくらえみ&志田光&藤本つかさ

▲第6試合のタイトルマッチは、妥協を許さない激闘が繰り広げられた。熱戦の末に、最終戦でベルトが移動した

（10分11秒　片エビ固め）
下田美馬&松本浩代&●野崎渚

▼第3試合　30分1本勝負
タニー・マウス&○宮崎有妃
（25分3秒、エビ固め）
●植松寿絵&春山香代子

▼第4試合　15分1本勝負
紫雷美央&○紫雷イオ
（8分37秒、エビ固め）
勇気彩&●真琴

▼第5試合　30分1本勝負
○タニー・マウス
（10分41秒、ミッション・ポッシブル）

●宮崎有妃

▼第6試合　NWA認定女子パシフィック&NEO認定シングル選手権　30分1本勝負

●田村欣子（王者）

（27分14秒、体固め）※田村が13度目の防衛に失敗、栗原が2冠を奪取。

○栗原あゆみ（挑戦者）

▼第7試合　NEO解散試合　10分1本勝負

△田村欣子&タニー・マウス&宮崎有妃

（時間切れ引き分け）

△勇気彩&野崎渚&飯田美花

田村、タニー、宮崎、勇気、野崎、飯田の所属選手6人は、メインの解散記念6人タッグも含めて各人が3試合ずつをこなした。そこにフリー選手なども交え、最後までNEOらしい試合がラインナップされた。

「いろいろ感慨はあったんですが、大会中はいつもの通りに進行していましたね。ただ開始前に控室で選手のほうから握手を求められたりしました。普段はそういうことは絶対ないんですが。ただひとつだけ、今でもイラッとしてるのは、最後の最後にリング上でみんなが挨拶して、ＮＥＯのテーマ曲が流れて終わるはずが、音響担当のミスで流れなかったことですね（笑）。それはいまだに覚えてます。音響はボケッとしてたんですかね？　リング上から怒ったんですけど（笑）。それを除けば、思ったようにやれたと思います。直後の解散記念パーティでは選手たちが手紙を読んでくれたりして、それは印象に残ってますね」（甲田）

「３試合もやって、いろいろ詰め込むから疲れてました（笑）。ハイテンションで、感傷に浸るヒマもなかったですね。当日のことはよく覚えてますけど、特に印象的なことはないかなあ。控室でもみんな忙しくて、暗い空気とかは全然なかったですよ。あ、ただＮＥＯでは試合前に所属選手全員で円陣を組むんです。『頑張るぞー、エヌ・イー・オー！』ってやるんですけど、その日は『これで最後なんだな』と思いましたね。私の引退はどうでもいいけど（笑）、ＮＥＯについてはやることをやりきっての解散という思いが強かったので、『ＮＥＯをちゃんとやりきって解散できたぞ』という感慨はありましたね」（タニー）

結果的に、解散試合とその後のセレモニーは温かい雰囲気に包まれ、ハッピーなエンディングとなった。８カ月前に行われたＧＡＥＡ　ＪＡＰＡＮの解散興行ともまた違ったム

▲そして、訪れたメインイベント。かつて、こんなに笑顔にあふれた最終興行での闘いがあっただろうか

ードになったのは、やはり「世界一平和な団体」ならでは、というところだろう。
NEO解散後、タニーは週に1回は、田村が開いたアロマトリートメントサロン「AOコーナー」で働いている。お客さんからNEOの話が出ることもあるという。
「今でもお客さんから『NEOは伝説の団体だったね』なんて言われることもあるんですよ。それはうれしいですね」（タニー）
一方、「解散後は半年ぐらいブラブラして、午後は『相棒』の再放送を見ていました（笑）」という甲田は、現在は東京女子プロレスの代表に就任。NEOでの反省を活かし、自団体での選手育成を重要課題として団体を成長させている。「NEOが終わった時点で40歳だったんですけど、『人生あがったな』というか、楽しいことをたくさんさせてもらったので、『これで死んでも悔いはないな』と思ってました。今でもいい思い出ですよ」

平成マット界

プロレス団体の終焉

第12章

ＩＧＦ

イノキ・ゲノム・フェデレーション

２０１７年７月16日　三重・メッセウィングみえ

2007年、前年に新日本プロレスのオーナーを退いたアントニオ猪木が「プロレス復興」を掲げて設立した新団体。小川直也、藤田和之ら〝猪木色〟の濃い日本人選手に加え、ブロック・レスナー、カート・アングルといった海外の大物も参戦し、旗揚げの地となった両国国技館はファンで満たされた。しかし、その後はリング内外とも迷走を続けて、その混迷は法廷にまで及ぶことに……。

豪華メンバーが繰り広げた「格闘技色の濃いプロレス」

1972年に新日本プロレスを旗揚げし、絶対的な存在として君臨していたアントニオ猪木が現役を引退したのが98年。以後、猪木は新団体「UFO」を旗揚げしつつ、過半数の株式を所有する新日本に対してはオーナーとして「院政」を敷く状態が続いた。

UFOでは柔道五輪銀メダリストの小川直也を獲得、PRIDEのエグゼクティブ・プロデューサーに就任するなど、プロレスと格闘技を股にかけた活動を行っていたことから、新日本プロレスのリングにも格闘技路線を持ち込んだ。しかし、それが引き金のひとつとなって、いわゆる「暗黒時代」をもたらし、2000年代前半には新日本の経営が悪化。05年11月、株式会社ユークスに所有する株式を売却した時点で、猪木と新日本の関わりは終わることとなった。

07年3月、猪木は新団体「イノキ・ゲノム・フェデレーション（IGF）」を設立。新日本の社長を務めていた猪木の娘婿サイモン・ケリー猪木も合流し、同年6月29日に両国国技館で旗揚げ戦を行った。

ＩＧＦがどのような団体としてスタートしたかを知るために、当日発表で行われた旗揚げ戦の対戦カードを見てみよう。

▼アントニオ猪木推薦試合

石川雄規 vs 澤宗紀

▼アントニオ猪木推薦試合

ロッキー・ロメロ vs エル・ブレイザー

▼第1試合

ケビン・ランデルマン vs アレクサンダー大塚

▼第2試合

小原道由 vs タカ・クノウ

▼第3試合（U－FILE CAMP提供試合）

田村潔司&上山龍紀 vs 松田英久&小武悠希

▼第4試合

安田忠夫 vs ジョシュ・バーネット

▼第5試合

小川直也 vs マーク・コールマン

▼第6試合

ブロック・レスナー vs カート・アングル

大会から12年が経った現在、このラインナップを見ると、どのような大会をイメージするだろうか？　その狙いや場内のムードは、この時代をリアルタイムで経験したものでなければ理解しづらいかもしれない。同年3月には、ファンの大熱狂を呼び、K―1とともに格闘技ブームを牽引したPRIDEが米UFCに売却され、翌4月の大会が最後となっ

▲メインで元WWE王者同士のマッチアップが実現。試合は10分36秒、アンクルロックでアングルに軍配が上がった

た。このＩＧＦ旗揚げ戦には、ケビン・ランデルマンやマーク・コールマン、ジョシュ・バーネットなど、ＰＲＩＤＥにレギュラー参戦していた選手が多数参加。またアレクサンダー大塚や小原道由、安田忠夫など、プロレスラーながらＰＲＩＤＥ等に参戦し、ＭＭＡで話題を呼んだ選手たちも顔を揃えている。

これにＵＦＯのエースでもあった小川直也が加わったわけだが、第3試合のＵ—ＦＩＬＥ ＣＡＭＰ提供ダブルバウト（ロストポイント制）を除けば、彼らの試合は全てプロレスルールをベースにした「ＩＧＦルール」での時間無制限1本勝負。多数の現役格闘家と、格闘技経験のあるプロレスラーによる「格闘技色の濃いプロレス」がＩＧＦのメインだったのである。

そこにメインイベントとして〝乗っかった〟のが、ブロック・レスナーvsカート・アングルの一戦。ともにＷＷＥで大活躍した超大物で、両者とも新日本プロレスにも参戦している。特にレスナーはこの時点でＩＷＧＰヘビー級王座を保持しており、この日の試合にもベルトを懸ける可能性が示唆されていたが、結局試合はノンタイトル戦となった。

筆者はこの大会を現地で取材していたが、全体に何とも言えない空気に包まれていたのをよく記憶している。ＰＲＩＤＥの存続が不透明な中、「このままＰＲＩＤＥの後継団体にしたほうがいいのでは？」と思わせるほどの選手たちが集まったのはいいが、彼らが展開する「格闘技色の濃いプロレス」は、試合時間が短いこともあってか淡泊に映るものが多かった。そしてそのラストに行われたレスナーvsアングルの攻防はさすがにセミまでとは一線を画するもので、両者の試合を見るためだけの目的で来場したであろうアメリカンプロレス・ファンの声援も目立った。なので全体を通して見ると、ラインナップの豪華さとは裏腹にチグハグ感が際立つ内容となった。

場内を埋める観客の多くがいわゆる〝企業買い〟の客

この「豪華だがどこかチグハグ」という空気は、その後のIGFの大会でもずっと感じられたものだった。翌08年には宮戸優光がゼネラルマネージャー、ビル・ロビンソンがスーパーバイザー、そして蝶野正洋もエグゼクティブ・プロデューサーに就任してメディア向けの話題を提供し、一方では元UFC王者ティム・シルビアの参戦も実現したが、大きな流れを作るには至らなかった。

ただし、８４００人を動員した旗揚げ戦（主催者発表だが、サイモンが「実数より少なく発表してしまった」と表明）をはじめ、大会場での開催が続いた中でも観客動員は順調であった。だが実際に会場を訪れたファンなら、場内を埋める観客の様子が、通常のプロレス会場とは異なることに気付いたはずだ。明らかに背広姿の集団の比率が高く、試合への歓声もどこか雰囲気が違う。ドロップキックやブレーンバスターといった技に、「初めて見たけどすごいね！」というようなどよめきが起きるのである。

これは猪木のネームバリューでついたスポンサーにより、いわゆる〝企業買い〟の客が多かったことを意味する。もちろん、プロレスの裾野を広げるという効果もあるのだが、後年になってもIGFの客席にプロレスらしい〝熱量〟が生まれにくかったのは、こうした背景のためであろう。

11年にIGF王座が制定されると、元大相撲の鈴川真一、K―1で人気を呼んだジェロム・レ・バンナらも参戦。バンナと鈴川の一戦は壮絶な戦いとなって話題を呼んだ。その後、K―1が活動停止に陥ったこともあってピーター・アーツやレイ・セフォーらの大物もIGFのリングに上がり、小川直也や藤田和之とK―1勢の対戦も実現。ラインナップの豪華さはさらに増していった。

IGFのリングで中心になって活躍していたのは、小川直也や藤田和之ら新日本プロレス経験者、前述の通りPRIDEやK―1で名を上げた格闘家たちといったところだったが、一方で待たれていたのが独自のスター選手の誕生であった。その意味では、小川直也の弟子である澤田敦士、そして大相撲からやってきた鈴川らの台頭は、話題性や活性化という意味でもIGFに新風をもたらした。

メインスポンサーの撤退で団体としての存続の危機に

K—1を運営していたFEGの活動停止に伴ってDREAMも継続困難に陥ったこともあって、11年末以降のIGFは、MMAにも積極的にコミットするようになった。柔道五輪金メダリスト石井慧やPRIDEの大スター選手ミルコ・クロコップらを獲得したことも影響し、両国国技館での大晦日興行などMMA中心の大会が増えていった。やがてプロレスルールの大会は「GENOME」、MMAの大会は「INOKI GENOME FIGHT」という名称で分割して行われることになり、IGF王座のタイトルマッチもいつしかMMAルールで行われるようになった。

こうした活動は前述の通り、スポンサー企業の強力なバックアップ体制のもとで展開されていたが、これに陰りが出てきたのが15年後半のことであった。メインスポンサーであったパチンコメーカーのひとつが撤退したのを受けて、プロレスルールの「GENOME」

では10月に予定されていた福岡大会が中止。複数の大会にわたってGENOME王座を決定するためのトーナメントが開催されていたが、このトーナメント自体も中止となった（団体側の発表は「10月中に開催予定のキューバ大会と重なるため」。その後、キューバ大会も「無期限延期」が発表された）。

16年には「INOKI ALI 40周年記念大会」がTDCホールで開催されたが、この頃には開催頻度、会場規模ともに縮小を余儀なくされていた。同年末は4年連続大晦日に両国国技館で開催されていた（12月同所での開催としては6年連続）「INOKI BOM-BA-YE」も見送り。いよいよ団体としての存続が問われる事態となってきた。

新ブランド「NEW」発進もファンの署名を募る事態に

猪木自身は13年に参議院議員選挙に当選後、もともと低下していたIGFへの関心がさらに下がっていたと言われる。IGFの大会中には、猪木がリングに上がり「猪木劇場」と呼ばれるパフォーマンスを行うのが恒例だったが、この際にも「出てこいと言われたから仕方なく」といった、IGFに対して投げやりとも取れる発言が見られるようになっていった。

そんな背景もあって、ＩＧＦは新たな活動をスタートすることを発表。それが新ブランド「ＮＥＷ」であった。16年10月28日、ＩＧＦの「新ブランド発表会見」にはサイモンと鈴川とともに、藤原喜明や船木誠勝も同席。藤原を相談役に据え、翌17年4月5日、後楽園ホールで旗揚げ戦を開催することを発表。「猪木に頼らず、2年間で全国50大会、5万人動員」を目標に掲げた。

この発表通り、17年4月5日の後楽園大会でＮＥＷは旗揚げ。その後、新宿ＦＡＣＥや地方大会を含む旗揚げシリーズを挙行したが、特に後楽園大会はメインに「鈴川真一vsジョシュ・バーネット」というカードを配したこともあり、好評をもって迎えられた。

ＩＧＦ～ＮＥＷと至った経緯については、ＭＭＡとプロレスの両方で参戦し、ＮＥＷでも試合を行っていた青木真也に語ってもらおう。

「ＩＧＦはＴさんという方が社長だった頃はうまく回っていたんですが、猪木さんの周辺とうまくいかなくなってやめて、次の代表になってからいろいろダメになったんですよね。結局、次の代表も猪木さん側とダメになって、猪木さんをうまく引っ張り出せなくなったんです。それで〝猪木〟の名前が使えないようになって、〝ＩＮＯＫＩ〟が入ったＩＧＦを使わず、ＮＥＷでいこうと」

▲IGFからNEWと継続して参戦し、プロレスとMMAの両方で試合をした青木真也が、その内情を語ってくれた

こうして心機一転スタートしたNEWだが、早々に大問題にぶち当たる。猪木の口から、「IGFを整理する」という発言が飛び出したのだ。5月25日、自身がプロデューサーとして開催する新たなイベント「ISM」の発表会見に出席した猪木は、IGFについて「あんまり今はコメントしたくないが、会社の整理という形で考えている」と語った。

これを受け、IGFは6月2日の後楽園大会のタイトルを急遽、「整理されるのか、続行出来るのか」に変更。同大会ではサイモン自らが先頭に立って、IGF存続のためにファンの署名を募った。

猪木から警告書が届き緊急会見を実施

また6月6日には記者会見を実施。IGF代表取締役社長・青木弘充、同取締役・サイモン、同エグゼクティブ・ディレクター・宇田川強の3名が出席した。この会見で、宇田川は状況をこのように説明している。（前述の青木真也コメントの登場人物は、この3人に含まれていない）

「IGFは2大スポンサーの元で、大会場や海外でのイベントを開催してきたが、15年末から支援が厳しくなった。このままだと大会場も年に1〜2回になる。試合数が減ると選手のモチベーションや生活の維持が厳しくなるので、この状況を打破しなければならなくなった。とは言え、IGFのIは猪木のI。不文律として、後楽園ホールクラスの会場は極力避けてきた。それがIGFと猪木のブランドを守ってきた証拠。

しかし、ブランドを守るためにも小規模大会を開催する体制を模索し、それがNEWとなった。

我々は猪木ブランドに甘えていた。猪木会長からも『俺に頼るな』と言われていたので、NEWはそうしたことへの決意の表れ。これまでの方針を大きく転換し、2年間で50試合を想定してやっている。それが終わったら総括・検討してやっていくということで、4月5日、後楽園ホールでスタートした。猪木会長には全て報告させていただいている」(大意)

続いて青木社長は「第1シリーズが終了する直前のタイミングで『整理する』という発言が出て、驚いた。何としてもNEWブランドを守っていきたいと考えており、これをなくすという意味合いであれば、到底受け入れられないと考えている」とコメント。

またこの会見では、猪木からサイモンに対し、代理人を通じて「警告書」が送られていたことが明かされた。これはテレビ朝日で放送され猪木が1位に輝いた「プロレス総選挙」という番組について、サイモンが会員制ネットマガジンで「アンケートはやらせ」という前提で発言し、猪木の名誉を侵害したというもの。

「ビックリしたし、ショックだった」というサイモンは「ファン目線でランキングに対してコメントはしたが、猪木さんに対してネガティブなコメントをした覚えはない」と話し、『猪木さん、目を覚ましてください』と言いたい」と締めくくった。

猪木の「整理する」発言に対して、ＩＧＦの３人は質疑応答でも「ＮＥＷを存続させたい」という点を強調。青木社長が「アントニオ猪木という存在は非常に大きいですし、発言力ということでいくと我々などは非常に小さな、虫けらのような存在かもしれないですけども、一寸の虫にも五分の魂という言葉もあります通り、我々としても小さいながら信念を持って興行の運営を行っております。こういった小さい存在ながらも、力がないながらも、何とか存続していきたいと考えておりまして、その時に頼れるのはというのはアレなんですけど、我々としてはファンの皆様、本日お集まりいただいたマスコミの皆様に実際のところを知っていただいて、何とか助けていただきたいなというふうに思っております。何とぞよろしくお願いいたします」と話し、全員で頭を下げた姿が印象に残った。

唯一の所属選手が退団し
NEWの凍結を発表

また宇田川も質疑応答の終盤には「猪木会長に反旗を翻すということでは全くありません。NEWを大きくして、大きな会場でできるようになったら会長にもぜひリングに上がっていただきたいと思っておりますし、GENOMEという大会もありますので、そういう大会ではぜひ猪木会長にリングに上がっていただきたいと思っております。また我々としては、13年に参議院選挙に出られた時に、微力ながら陰で支えさせていただいたというところもあります。また次の19年の改選の時に出るかどうかはわかりませんが、会社組織をしっかりと維持して、また選挙に出られた場合は、選挙戦を支えられるように、会社としても組織としても維持できるようにと思っておりますので」と語った。

その後、6月14日に開催されたIGFの株主総会に猪木の代理人が出席拒否されるなど事態の混乱は続き、6月末には唯一の所属選手だった鈴川が退団。IGFは「鈴川がいなければ存続の意味がない」として、7月26日にNEWの凍結を発表。8月に予定されていた後楽園ホール大会も中止となった。結局NEWとしての最終興行は7月16日の三重・津大会となった。

　青木真也はNEWの最後について、こう話す。

「NEWは面白かったんですよ。MMAほどではないけどプロレスとしてはギャラもよかったし、特に僕は藤原喜明戦、船木誠勝戦、高岩竜一戦と、やりたいことができましたから。鈴川が離れたりしてもうダメだろうなというのはあって、三重で『また頑張ろう』とは言われたけど、もうないだろうなとは思ってましたね。お金も支払われてたから、現場の空気も悪くなかったですよ」

　17年後半に中国の団体「東方英雄伝」と合同でNEW復活がアナウンスされ、同年11月と翌18年3月に国内での大会も行われたが、これはあくまで中国人選手たちのための大会のようなものだった。コーチとして一度、中国に招かれたことがあるという青木は、その時の様子をこう振り返ってくれた。

「選手のほとんど全員が、腕立て伏せができなかった。でもWWEを見ているから、危ない技を使いたがる。中国での大会は地獄のようでしたよ（笑）」

　結局、IGFと猪木側は18年3月に和解。IGFは社名を変え、スタッフは散り散りになって食料品店など別々の道を歩んでいった。なおIGFとは別に開催されていた「ISM」は18年8月に予定していた第3回大会が延期されたまま中止に。

その後、体調悪化が取り沙汰されていた猪木は難病に冒されていることが明らかになった。その中で猪木周辺の状況にも変化があり、22年8月末にはかつてのＩＧＦのスタッフから「シン会社設立のお知らせ」というプレスリリースが届いた。シン会社とはアントニオ猪木専属のマネジメント会社「株式会社猪木元気工場（略名ＩＧＦ）」ということで、約5年ぶりにＩＧＦの名称が復活することになった。

この年は新日本プロレス創立50周年イヤーでもあり、1月4日の東京ドーム大会では猪木がビデオメッセージで登場。実際にリングに上がることも期待されていたが、猪木と言えども病魔との戦いは厳しく、22年10月1日に死去。この訃報は日本中に衝撃を与えた。

猪木の死後、ＩＧＦは猪木の商標権や著作権、肖像権等の管理を行い、記念グッズを販売したりしている。また22年末には「巌流島」と組む形で「ＩＮＯＫＩ　ＢＯＭ―ＢＡ―ＹＥ」が復活。ＩＧＦもこの大会に協力し、「令和猪木軍総監督」を務めた小川直也はエンディングで同イベントの継続開催を示唆した。

プロレス団体、イベントとしてのＩＧＦはあくまで「猪木の団体」であった。形を変えてその名称は残ることとなったが、両国国技館などでのあの空気が帰ってくることはないだろう。「結局どんな試合が展開されても、猪木が出てきてしゃべればみんなＯＫ」という独特の空気。筆者は今もときどき、あの雑然とした大会の雰囲気を、懐かしく思い出したりもする。

おわりに

プロレスとライブが見たくて、大学進学にかこつけて福岡から上京したのが1988年4月。翌年早々には昭和天皇が崩御して元号が代わり、平成になった。だから筆者の、現在まで約35年にわたる東京生活は、ほぼイコールで平成である。

大学時代は希望通りに足繁くプロレス会場に通い、毎週早売りで『週刊プロレス』を買って貪り読んで、マット界のさまざまな出来事に一喜一憂していた。

1993年には大学を卒業（年数は計算しないでほしい）。縁あって、まさかのベースボール・マガジン社に入社することができた。新卒入社だったので、当時はバイトからしか採用していなかった週プロ編集部には入れなかったが、運よく書籍やトレーディング・カードなどでプロレスと密接に関わることができた。

「はじめに」や本文中でも何度も触れている通り、この頃は大小さまざまな団体が生まれて団体数がどんどん増えていた時代で、新団体旗揚げのニュースをしょっちゅう耳にした。1〜2か月の間に3団体が旗揚げ戦などということもあったりして、まさに雨後のタケノコ状態だった。

個人的には毎月給料が入るようになったし、配属された部署がそれほど忙しくなかったし（それこそ週プロとは雲泥の差！）で、学生時代よりもプロレスを観に行けるようになった。「47都道府県でプロレスを観る（ただし仕事抜きで）」などという目標も掲げ、地方に遠征したりもした（この目標は中断中だが、死ぬまでには達成する）。

この頃、次々に誕生した団体はそれぞれに個性的だったし、どこも意欲満々でスタートしていたから、旗揚げ戦の観戦は楽しかった。一方でどうも内部事情がよくないらしく、終わりに向かう独特な空気を漂わす大会もあって、そういうときは何とも言えない気持ちになった。中にはタイミングが合わず、「次の後楽園は行こう」と思っているうちに消滅してしまった団体もあって、結局観られずに終わると痛恨の思いだった。好きだった団体の、おそらくこれが最後になるだろうという大会のときは、泣きそうになりながら帰宅したのを覚えている。

せっかくスタートしたプロレス団体には、できれば終わってほしくない。だが、そんな願いとは関係なく、いろいろな事情で終わっていく団体がたくさんあった。多くの団体が生まれたからこそ、終わる団体の数も多かった。そのたびに、胸の奥がチクチクと刺されるような痛みを感じていた。

２０１４年、双葉社から刊行され始めたムック『俺たちのプロレス』に声をかけていただき、同年秋の第2号から連載のお話をいただいた時に、こちらからテーマとして提案したのが「団体の終焉」だった。ひとつの団体が終わりを迎えるたびに抱えていたあの思い、その裏にあったものを改めて見てみたいと思ったからだ。

連載で取り上げた団体が10。今回の書籍化にあたって新たに取材した団体が3。計13団体の終焉について、当時の関係者らから貴重なお話をたくさんいただいた。突然連絡してきて「あなたの関わった団体が終わった時について聞かせてください」と言ってくる失礼なライターに対して、皆さん丁寧に対応してくださった。

取り上げるテーマがテーマだけに、取材では興味本位に思われないように気をつけた。当時、自分がファンとしてその団体をどういう思いで観ていたかを伝えると、感謝されることもあった。それはある意味、あの頃の自分に対する答え合わせのようでもあった。

初代タイガーマスクのデビュー戦を見てプロレスにハマって42年。上京して腹いっぱい観戦できるようになって35年。就職して仕事としてもプロレスに関われるようになって30年。フリーとして編集から取材に軸足を移して22年。いたずらに年数だけは重ねていると、過去のさまざまな体験の答え合わせや、思わぬ再会ができる取材も増えてきた。「プロレスファン積立の満期払い戻し」と呼んでいるが、やはりそういった取材はことのほかうれしいし、長くプロレスを見続けていてよかったなと思う。

前述の通り、この本を刊行できたのは『俺たちのプロレス』のおかげ。双葉社でこのムックを担当し、書籍化のお話をくださった谷水輝久さんと、編集として声をかけてくださったMAVERICKの中西亮太さんにまず御礼申し上げます。ギリギリにならないと仕事をしない悪癖のため、中西さんには毎号、そして今回の書籍化作業では谷水さんに多大なご心配とご苦労をおかけしました。

そして何より、過去のつらい出来事をほじくり返すような失礼な取材に応じてくださった全ての関係者の方々にも深く感謝申し上げます。皆さんの言葉がなければ、あの連載はできなかったし、この本も形になりませんでした。

全国に数え切れないほどの団体が存在するようになった今の日本マット界も、かなり興味深い状況になっている。繰り返すが、どの団体にも終わってほしくないという思いは今も同じだ。終わるにしても、せめてそれがいくつかの章で触れたような「幸せな終わり」だったらいいなと願いつつ、本書を終わりにしたい。最後までお読みいただき、ありがとうございました。

本書は『俺たちのプロレス』の連載に加筆・訂正し、新たに3団体の書き下ろしを加えて構成したものです。

ジャパン女子プロレス……………『俺たちのプロレス』VOL・6（2016・8・19）
SWS……………………………『俺たちのプロレス』VOL・2（2014・9・23）
新格闘プロレス…………………『俺たちのプロレス』VOL・13（2019・10・18）
W★ING………………………『俺たちのプロレス』VOL・10（2018・11・22）
FFF……………………………『俺たちのプロレス』VOL・9（2018・4・18）
UWFインターナショナル／キングダム…書き下ろし
レッスル夢ファクトリー………書き下ろし
FMW……………………………『俺たちのプロレス』VOL・5（2016・3・23）
WJプロレス……………………『俺たちのプロレス』VOL・3（2015・2・19）
全日本女子プロレス……………『俺たちのプロレス』VOL・4（2015・10・21）
NEO女子プロレス………………『俺たちのプロレス』VOL・11（2019・4・22）
IGF……………………………『俺たちのプロレス』VOL・12（2019・6・22）

高崎計三　たかさき・けいぞう

1970年、福岡県生まれ。ベースボール・マガジン社、まんだらけを経て2002年より有限会社ソリタリオ代表。プロレス、格闘技、音楽などのジャンルを中心に多方面で活動中。著書に『蹴りたがる女子』(2015年、実業之日本社)、『プロレス　そのとき、時代が動いた』(2016年、実業之日本社)がある。

参考文献

『週間プロレス』(ベースボール・マガジン社)
荒井昌一
『倒産！ＦＭＷ カリスマ・インディー・プロレスはこうして潰滅した』(徳間書店・2002年)
冬木弘道
『鎮魂歌　ＦＭＷはなぜ倒産したのか』(碧天舎・2003年)
永島勝司
『地獄のアングル：プロレスのどん底を味わった男の告白』(イーストプレス・2004年)
『SWSプロレス激闘史』(ベースボール・マガジン社・2015年)

平成《へいせい》マット界《かい》 プロレス団体《だんたい》の終焉《しゅうえん》

2023年3月25日　第1刷発行

著　　者　高崎計三《たかさきけいぞう》
発 行 者　島野浩二
発 行 所　株式会社双葉社
〒162-8540
東京都新宿区東五軒町3番28号
☎ (03)5261-4818（営業）
☎ (03)5261-4869（編集）
http://www.futabasha.co.jp/
（双葉社の書籍・コミック・ムックがご購入いただけます）

印刷・製本　中央精版印刷株式会社

ISBN978-4-575-31786-2 C0076